Regensburg

Daniela Schetar

Inhalt

Das Beste zu Beginn

Bei »Regensburger trifft Gast« …

… führen Sie Einheimische ganz privat durch ›ihr‹ Regensburg, z. B. auf einer Mountainbike-Tour rund um die Stadt oder zu einer Chorprobe bei den Domspatzen. Das spannende Angebot steht auf https://tourismus.regensburg.de/info/service/.

Dilly Dally Designmarkt

Diese Messe funktioniert wie ein Pop-up-Store: Schmuckdesigner, Modemacher und alle Kreativen aus Regensburg und der weiteren Region präsentieren ihre Kreationen mehrmals im Jahr an verschiedenen Locations. Wann und wo genau, verrät die Website http://dillydally.events/.

Jammen, dichten, tanzen

In all dem können sich junge Leute kostenlos im W1, Zentrum für junge Kultur ausprobieren. Z. B. beim *open stage* einmal im Monat, wo sich Kunstschaffende jeglicher Couleur – Musiker, Comedians, Tänzer, Filmemacher, Theaterleute – dem Publikum vorstellen und dann loslegen (Weingasse 1, www.regensburg.de/w1/das-w1).

Das Milchschwammerl

Wenn Gerhard Probst die Fensterläden des Milchschwammerls öffnet, wissen die Regensburger, dass es Frühling wird. Seit 2007 erwärmt er in seinem 1950er-Jahre-Kiosk im Fliegenpilzdesign an der Bahnhofsallee die Herzen der gestressten Passanten mit einem Tasserl Kaffee und persönlicher Zuwendung. Ein echter Nachbarschaftskiosk also (Albertstr. 14, März–Nov. Mo–Sa 9.30–19 Uhr).

Regensburg skurril

Im Keller des Regensburger Rathauses sind Kerker und Folterkammer samt Zubehör aus dem 17. Jh., einmalig in Deutschland, im Original erhalten, so der mit Metallspitzen gespickte ›Jungfrauensessel‹ oder die Streckleiter. Die Befragung folgte strengen Regeln, die in der Verordnung »Carolina« festgelegt waren. Sie wurde von 1532 bis 1780 angewandt!

Mittags-Gourmet
Das Sternerestaurant Storstad hat ein cooles Design, super Küche – und teuer ist es natürlich auch. Doch das Lokal macht auch mittags auf und tischt dann ein, gemessen an Qualität, Ambiente und Ausblick über Altstadtdächer, erstaunlich preiswertes Menü auf (3 Gänge 35 €; ► S. 96).

So klingt Regensburg
Dazu fallen Ihnen die Regensburger Domspatzen ein? Hm, die Domstadt bringt nicht nur engelsgleiche, sondern ganz schön rotzige Stimmen hervor: Take off Your Shirts z. B., zuständig für rockigen Indie-Sound. Im Zuge der Bürgermeister-Korruptionsaffäre erlangten die Rapper Liquid & Maniac mit einem Song über den OB überregionale Bekanntheit. Maniac ist zudem in der Hip-Hop-Formation Demograffics aktiv. Und auch die drei Musiker von Beisser haben mehrere Band-Eisen im Feuer. Beisser über sich selbst: »Moderne Beats, fiese Gitarren und keine Angst vor Kitsch.«

Augustiner Biereis
Zugegeben, das ist Geschmackssache. Aber wenn Sie zur Frühjahrs- oder Herbstdult in der Stadt sind (nur dann gibt's das Eis), unbedingt probieren, und zwar bei Stella an der Steinernen Brücke.

Bänke braucht die Stadt
Auf Altstadtplätzen sitzen zu können, ohne konsumieren zu müssen, war bislang Fehlanzeige. Doch jetzt möbelt sich Regensburg auf. Mit schicken Sitzbänken aus Holz. Sogar einige Bäume werden gepflanzt!

Sie treffen mich irgendwo in der Altstadt oder, wenn die Beine müde sind, im Café des Hotels Orphée. Da bestelle ich einen Cappuccino, lese die Zeitung oder schaue den Passanten in der Unteren Bachgasse zu. Ist definitiv mein Lieblingscafé!

Fragen? Erfahrungen? Ideen?
Ich freue mich auf Post.

Mein Postfach bei DuMont:
schetar@dumontreise.de

Das ist Regensburg

Gibt es ein romantischeres Bild als das der Regensburger Altstadt bei Nacht, wenn schmiedeeiserne Straßenlaternen warme Lichtkreise auf gotische Hausfassaden und auf in Jahrhunderten glattpoliertes Kopfsteinpflaster werfen? Nun, genau besehen: Kein Gas, kein Quecksilberdampf befeuert sie, sondern den schmiedeeisernen Gehäusen entströmt sanftes LED-Licht. Sie sind mit eigens für die historischen Lampen entwickelten energiesparenden LED-Birnen bestückt, die ungewöhnlich warmes Licht verströmen – ein schönes Symbol für Regensburgs mühelosen Spagat zwischen Mittelalter und Moderne!

Regensburg-Blues und Regensburg-Hype

Regensburg erlebt eine Erfolgsstory, von der vor 50 Jahren wohl kaum ein Stadtverantwortlicher zu träumen gewagt hätte. Damals war es um den Regierungssitz der Oberpfalz wirtschaftlich sehr schlecht bestellt. Die Zahl der Einwohner war nach dem Zweiten Weltkrieg durch den Zuzug sudetendeutscher Flüchtlinge zwar rasant gestiegen, aber es gab nicht genug Arbeit. Erst die gezielte Wirtschaftsförderung und der Ausbau der Infrastruktur wie die Autobahnanbindung und der Wiederaufbau des Donauhafens brachten die Wende. Nach dem Fall der Mauer und der Öffnung der osteuropäischen Märkte rückte die Stadt überdies von der nordöstlichen Peripherie Bayerns wieder zurück in die Mitte Europas. Deutschlandweite Rankings belegen: Das Aschenputtel wandelte sich rasant zur strahlenden Prinzessin mit niedrigen Arbeitslosenzahlen, hoher Wertschöpfung und erstaunlicher Dynamik. Typische Regensburger Produkte sind etwa Organische LED von OSRAM, BMW-Coupés und -Cabrios, das preisgekrönte Online-Spiel MMORPG Tibia aus der Game-Schmiede CipSoft, synthetische Gene von GENEART, Chips und Halbleiter von Infineon und ganz traditionell der Händlmaier-Senf.

Die nördlichste Stadt Siziliens

Ein Sommerabend am Bismarckplatz: In kleinen und größeren Grüppchen breiten die Leute ihre Picknickdecken aus, packen Mitgebrachtes auf Schalen und Brotzeitbrettchen und stoßen mit Prosecco an. Pärchen, Familien, Wohngemeinschaften feiern heiter und gelassen in den Abend. Hier, am Bismarckplatz, strahlt die alte Dame Regensburg mediterrane Leichtigkeit aus, wie man sie sonst eher aus Städten wie Rom oder Florenz kennt. Deshalb wetteifert Regensburg ja auch mit anderen bayerischen Metropolen um den Titel der ›nördlichsten Stadt Italiens‹.

Anlässlich der Korruptionsvorwürfe gegen den beliebten SPD-Oberbürgermeister Joachim Wolbergs, die Anfang 2017 schließlich zu dessen Verhaftung führten, bin ich allerdings versucht zu sagen, Regensburg sei womöglich ein sehr weit nördlich gelegener Ableger Siziliens. Auf Regensburgs Sauberstadt-Image hinterließ diese Affäre, ebenso wie die um Missbrauch und Gewalt bei den Regensburger Domspatzen, einen sehr dunklen Schatten. Ist es tatsächlich so schlimm? Die Regensburger wehren

Italienische Verhältnisse? Architektonisch allemal, wie hier auf dem Haidplatz.

sich vehement dagegen, in einen Topf mit Korruption, Filz und womöglich organisiertem Verbrechen geworfen zu werden. Und sind fassungslos. Denn Joachim Wolbergs war wohl der beliebteste Politiker, den die Stadt je hervorgebracht hat.

Mittelalter live

Der sensiblen Stadtplanung verdankte Regensburg 2006 die Ernennung zum UNESCO-Weltkulturerbe. »Die Altstadt von Regensburg ist ein herausragendes Beispiel für eine binneneuropäische mittelalterliche Handelsstadt, deren historische Entwicklungsstufen gut erhalten sind«, lautet eines der Kriterien, mit der die UNESCO den Welterbetitel für Regensburg begründete. Ein anderes nennt die immense Zahl von über 1200 Denkmälern im Altstadtbereich, die Regensburg zu dem am vollständigsten erhaltenen romanischen und gotischen Ensemble nördlich der Alpen machen. Tatsächlich gleicht ein Bummel durch die Altstadt einer Zeitreise: Patriziertürme, wie man sie aus der Toskana kennt, säumen die Gassen, gotische Biforienfenster, Kreuzgratgewölbe und Renaissancearkaden sind an jedem zweiten Haus zu entdecken. Und doch ist dieses Schatzkästchen der Architektur kein Museum, sondern ein lebendiges Stadtgebilde. Die Regensburger bewohnen Geschichte: Sie wachen unter gotischen Holzbohlendecken auf, joggen an der mittelalterlichen Stadtmauer entlang, holen ihre Frühstücksbrötchen in der Renaissancekapelle einer Kaufmannsfamilie, sitzen mittags im Café, wo im 14. Jh. Seidenstoffe lagerten, gehen abends zum Essen in einen barocken Ratssaal und danach in eine Kneipe, unter deren Gewölben ursprünglich einmal Kutschen eingestellt waren. Belastet so viel Historie? Offensichtlich nicht, denn Regensburg zieht vor allem junge Leute an: Seit 2010 sticht es mit 55 bis 57% Ein-Personen-Haushalten regelmäßig Berlin als Single-Hauptstadt Deutschlands aus – auch reich kann also sexy sein!

Regensburg in Zahlen

6

Kirchen – inklusive Dom –
stehen im Zentrum Regensburgs.

9

Euro beträgt die durchschnittli-
che Kaltmiete pro Quadratmeter
bei Bestandswohnungen.

105

Meter hoch sind die Türme des
Doms St. Peter.

377

Meter über N. N. liegt die
Stadt.

504

Pkw kommen in Regensburg auf
1000 Einwohner; in Berlin sind
es 377.

1165

Schiffe legten 2016 in Regensburg an.

1200

Bauten stehen in Regensburg
unter Denkmalschutz.

1206

Fahrräder wurden 2015 in Regensburg geklaut, das sind 2,6 am Tag.

31 968

Studenten waren im Wintersemester 2016/17 an den Hochschulen immatrikuliert.

70 992

Euro beträgt das Bruttoinlandsprodukt pro Einwohner.

156 886

Einwohner zählte die Stadt im Jahr 2016.

4 000 000

Tagesgäste besuchten Regensburg 2016.

2006 wurde Regensburg mit Stadtamhof zum UNESCO Welterbe ernannt.

Was ist wo?

Den Besucher erwartet eine sehr kompakte Innenstadt. Die knapp 3 km² große historische Altstadt erstreckt sich vom Südufer der Donau, der Regenmündung gegenüber, nach Süden. Stadtamhof am Nordufer wurde erst 1924 eingemeindet und durch den Bau des Europakanals 1978 zur Insel. Die beiden länglichen Donauinseln Oberer und Unterer Wöhrd liegen hintereinander gestaffelt zwischen Altstadt und Stadtamhof. Die Neustadt ist unter touristischen Aspekten kaum interessant.

Innenstadt

Nach Norden begrenzt durch die Donau, im Westen, Süden und Osten durch den im 18. Jh. gepflanzten Alleengürtel, der dem Verlauf der mittelalterlichen Stadtmauer folgt, bildet die Regensburger Altstadt ein überaus homogenes Gebilde. Regensburg hatte das große Glück, von den Bombenangriffen des Zweiten Weltkriegs weitgehend verschont geblieben zu sein, und auch die modernisierenden Bausünden der 1950er- bis 1970er-Jahre halten sich in Grenzen: Einzig die breite Schneise der D.-Martin-Luther-Straße durchschneidet völlig unharmonisch die Altstadt. Zwei mittelalterliche Landmarken dominieren das Stadtzentrum: die **Steinerne Brücke** (🕮 F 3/4) und der **Dom St. Peter** (🕮 F 4/5). Um den Dom und östlich und südlich davon sind zahlreiche sakrale Sehenswürdigkeiten versammelt, darunter das **Domschatzmuseum**, die **Alte Kapelle** und das **Diözesanmuseum St. Ulrich** (Wiedereröffnung 2018). Östlich und nördlich des Doms sind mit der **Porta Praetoria** und Teilen der Wehrmauer Überreste des römischen Legionslagers Castra Regina erhalten. Westlich der Kathedrale befindet sich das ehemalige reichsstädtische Machtzentrum mit dem **Rathaus** und dem **Reichstagsmuseum (document Reichstag)** am **Kohlenmarkt.** Dieser und der angrenzende **Haidplatz** (🕮 E 4) sind Mittelpunkt des alten Kaufmanns- und Marktviertels Donauwacht, dessen Gassen die für Regensburg so charakteristischen Patriziertürme säumen. Früher wurde hier mit Seide, Salz und Gewürzen gehandelt; heute locken Boutiquen, Spezialitätenläden und traditionelle Handwerksbetriebe Regensburger wie Touristen zum Bummel. Vor allem entlang der **Unteren Bachgasse** (🕮 E 4/5), der **Wahlen-** und der **Gesandtenstraße** (🕮 E 5/6) finden sich originelle Geschäfte, interessante Kunstgalerien sowie zahlreiche Restaurants und Kneipen.

Während im Herzen der Altstadt viel restauriert und renoviert wurde, zeigt Regensburg an der Peripherie noch ein unverputzteres, raueres Gesicht. Auch wenn sich im westlichsten oder dem südwestlichen Teil des Stadtzentrums keine herausragenden Sehenswürdigkeiten befinden, lohnt unbedingt ein Bummel durch die schmalen Gassen der **Westnerwacht** (🕮 D 4), etwa zwischen Wollwirkergasse und Holzländestraße, oder der **Wildwercherwacht** (🕮 E 5) zwischen Emmeramsplatz und Gesandtenstraße. Das **Obermünsterviertel** (Wahlenwacht) bildet noch ein kleines alternatives Biotop am Südrand der Altstadt, entwickelt sich aber bereits zum Kneipen- und Ausgehviertel.

Regensburger Museen

Viele Museen sind in historischen Gebäuden untergebracht, so das **Historische Museum** (🕮 G 5) im ehemaligen Minoritenkloster, die Kunstgalerie **Leerer Beutel** (🗺 H 5) in einem Getreidestadel, das **Diözesanmuseum St. Ulrich** (🗺 F/G 5) in einer romanischen Basilika und das **Kepler Gedächtnishaus** (🗺 E 4) in einem gotischen Wohnhaus, was den Museumsbesuch noch interessanter macht. Eine Besonderheit Regensburgs sind die **document** genannten Ausstellungsflächen, die archäologische Funde, aber auch eine historische Schnupftabakfabrik erschließen. Sie sind nur im Rahmen von Führungen zugänglich.

Stadtamhof und Donauinseln

Nach **Stadtamhof** (🗺 D–H 2/3) am nördlichen Donauufer kommen Sie über die Steinerne oder die östlich liegende Eiserne Brücke. Es ist ein ruhiges Wohnviertel, dessen Reiz in den hübschen, die Donau säumenden Gassen, im **Kulturzentrum Andreasstadel** und im **Spitalgarten,** einem der beliebtesten Biergärten Regensburgs, liegt. Auch der **Obere** und der **Untere Wöhrd** (🗺 A–K 1–4), von Stadtamhof über den Grieser und Pfaffensteiner Steg, von der Altstadt über den Eisernen Steg erreichbar, sind Wohnviertel mit teils aus dem 17. Jh. stammender Bebauung. Auf der Westhälfte des Oberen Wöhrd laden das **Wöhrdbad** und der **Inselpark** zu Muße und Entspannung.

Alleengürtel, St. Emmeram und Schloss Thurn und Taxis

Seit dem 18. Jh. ist Regensburgs Altstadt von einem Grüngürtel umgeben, der den Verlauf der mittelalterlichen Stadtmauer markiert. Er passiert auch die altehrwürdige **Basilika St. Emmeram** und deren ehemaliges Kloster, das heute als fürstliches **Schloss Thurn und Taxis** (🗺 beide E 6/7) dient. Die großzügige Anlage bildet eine eigene kleine Stadt in der Stadt am Südrand des Zentrums.

Augenblicke

Regensburg feiert bunt

Regensburg ist eine perfekte Festivalstadt. Im Sommer gibt es in der Altstadt so gut wie jedes Wochenende ein Event, das gar keine Bühne benötigt, denn als Kulisse gibt's das Mittelalter gratis dazu. Bewährte und bekannte Festivals wie das renommierte Bayerische Jazzweekend wechseln sich mit eher alternativen Veranstaltungen wie dem Klangfarben Festival ab, auf das ich mich jedes Jahr besonders freue: Da genieße ich die hochkarätig-schrägen Abendkonzerte mit Bands wie Dreiviertelblut, höre Trommlern, Klezmer-Musikern und Rappern zu, die tagsüber einheizen, und bummle zum Schluss über den kunterbunten Markt der Kulturen.

À la française

Croissant und Café au lait gefällig? Eine Tarte tatin? Das Orphée muss einfach sein! Wenn ich an einem der Bistrotische sitze und draußen das Treiben in der Unteren Bachgasse und drinnen die Bussi-Bussi-Prominenz im Restaurant beobachte, frage ich mich oft, warum Regensburg ausgerechnet den Hang zum Französischen pflegt. Weil es so ungemein entspannt ist wahrscheinlich. Im Orphée trifft man Krethi und Plethi von nebenan, den emsigen Lokalpolitiker, den gestressten Manager und die clevere Geschäftsfrau. Alle einhellig beieinander.

Wie ein Diamant ...

Acht Stockwerke stehen zwischen Gesandtenstraße und dem schönsten Panorama von Regensburg. Sie führen auf den Nordturm der evangelischen Dreieinigkeitskirche mit einem atemberaubenden Rundumblick. Jedes Mal, wenn ich hier hinaufklettere und auf die Kirch- und Patriziertürme schaue, komme ich aus dem Staunen nicht heraus: hier das Goldene Kreuz, dort die Neupfarrkirche, der Löblturm, St. Emmeram und natürlich der Dom St. Peter! In der Abenddämmerung, wenn der Dom angeleuchtet wird, strahlt er wie ein vielfach geschliffener Diamant über das Häusermeer.

Ihr Regensburg-Kompass

#2

Regensburg will hoch hinaus – **der Dombau St. Peter**

#3

Frauenpower kontra Bischof – **das Stift Niedermünster**

Mittelalterliche Immobiliendeals und eine Dauerbaustelle

Hauptsache unabhängig

#1

Bauen gestern und heute – **die Steinerne Brücke**

Irgendwie waren sie früher schneller

WOMIT FANGE ICH AN?

1 2 3

Heiraten nein, aber chillen gerne

15

#15

Kleine Fluchten – **Stadtamhof und die Donauinseln**

14 13 12

JOGGEN, WALKEN, SPAZIERENGEHEN

#14

Immer der Mauer lang – **Joggingrunde im Alleengürtel**

KUNST
MIT GEOGRAPHISCHER ANSAGE

WOHLTUENDE HÄSSLICHKEIT –

#13

Regensburger Ost-Connection – **Kunstforum Ostdeutsche Galerie**

#12

Altstadt alternativ – **das Obermünsterviertel**

 # 4

Alltag am Limes –
**die Römer in
Regensburg**

 # 5

Judentürl und
Stolpersteine –
**Spurensuche am
Neupfarrplatz**

HISTORISCH

MODERN

Im Verborgenen

ORIGINALE
&
ORIGINELLES

 # 6

Von Bürsten, Rädern
und Kuchen – **made
in Regensburg**

*Hier kommen so einige
Redewendungen her*

 # 7

Grüne Tische, lange
Bänke – **Sprichwört-
liches aus dem Alten
Rathaus**

ITALO-CONNECTION

 # 8

Italianità an der
Donau – **vom Turm-
bau zu Regensburg**

*Mittelalter
im Hier und Jetzt*

Jetzt wird gefeiert!

 # 9

Wie viel Neues
verträgt das Alte? –
**Sanierung und
Denkmalschutz**

*Tatort
Regensburg*

 # 11

Mittelalterliche Fake
News – **ein Besuch in
St. Emmeram**

 # 10

Von Party zu Party –
**Regensburg macht
die Nacht zum Tag**

Bauen gestern und heute – **die Steinerne Brücke**

Sind Sie schon über die Steinerne Brücke 1 spaziert? Ich frage mich jedes Mal, wie es die mittelalterlichen Handwerker schafften, dieses Bauwerk in nur elf Jahren über die Donau zu schlagen; ihre Kollegen von heute benötigten allein acht Jahre (2010–18) nur für die Sanierung!

Schönheit, Stadtsymbol und mittelalterliche Handwerkskunst, aber auch ewige Baustelle – das alles verbindet sich mit der ›Steinernen‹, wie sie kurz genannt wird.

Und die Herausforderungen waren im 12. Jh. ja ungemein größer, denn die Brückenpfeiler mussten erst mal in der Donau verankert und mit Beschlächten – große, aus dem Wasser ragende Plattformen – vor der Unterspülung gesichert werden. Dass es überhaupt zum Brückenbau kam, lag an der Geschäftstüchtigkeit der Regensburger Kaufleute, denen der brückenlose

Donauübergang an der Fernhandelsstraße von Süd nach Nord, von Italien an die Nord- und Ostsee, ein Dorn im Auge war: Mühsam mussten sie die Handelswaren auf Fähren verladen und übersetzen lassen. Und da auch im Mittelalter Zeit Geld war, verband ab 1146 die Steinerne Brücke als einziger fester Donauübergang zwischen Ulm und Wien (und bald eines der Weltwunder des Abendlandes) die Ufer und die Fähren hatten ausgedient. Schnell avancierte Regensburg zu einem der bedeutendsten Handelsknotenpunkte in Mitteleuropa. Schließlich wurden auf der Donau auch zwischen Okzident und Orient Waren ausgetauscht – die Schiffe fuhren ans Schwarze Meer und bis nach Konstantinopel!

Der Schifffahrt bereitete die ›Steinerne‹ allerdings Probleme: An den Beschlächten bildeten sich die berüchtigten Donaustrudel. Es erforderte sehr viel Geschick und Glück, die zu jener Zeit verbreiteten flachen Lastkähne – Plätten – mit den Rudern stromabwärts durch die schmalen Durchlässe zwischen den Pfeilern zu steuern. Stromaufwärts war es etwas einfacher, da Pferde oder Arbeiter die Plätten treidelten, sie vom Ufer aus mit Seilen gegen die Strömung zogen.

Das Bruckmandl können Sie als Symbol bürgerlichen Selbstbewusstseins sehen. Der darunter angebrachte Spruch »Schuh wie haiß/ zu Regensburg seyn dy heuter faist« bedeutet in heutigem Deutsch: »Egal was passiert – in Regensburg sind selbst die Schindmähren fett«, eine ironische Anspielung auf den Wohlstand der Stadt.

Und am Ende doch die Maut

Lange rätselten die Historiker, wie die Kosten für das monumentale Bauwerk und für dessen Unterhalt zusammenkamen, vor allem, da für das Überqueren der Brücke zunächst kein Obolus zu entrichten war (und es ging damals wie heute um gewaltige Summen – die aktuelle Sanierung verschlang rund 20 Mio. Euro). Wie also? Nun, die pfiffigen Regensburger verpachteten damals die **Beschlächte** 2 an Mühlenbetreiber. Sie können sich die 15 Plateaus wie kleine Kraftwerksanlagen vorstellen, auf denen Müller das Korn verarbeiteten, Schmiede Klingen schliffen und Färber Stoffe walkten. Später ging die von der Bürgerschaft eingesetzte Brückenverwaltung dann doch dazu über, eine Maut zu verlangen. Die Reparaturkosten nach Hochwasser und Eisstößen waren einfach zu hoch geworden.

Wer hockt denn da?

Unter der Brücke wurde Geld verdient, oben hingegen repräsentierte man: Eine Reihe von

Skulpturen und Reliefs auf den Brückentürmen und an der Brüstung dokumentierten bedeutende historische Ereignisse: So erinnerte eine Figur am Nordturm an Kaiser Friedrich II., unter dessen Regentschaft Regensburg die Reichsfreiheit erlangte. Heute ist eine Kopie der Statue an der Nordfassade des Brückturms zu sehen. In einigen, kaum erkennbaren Reliefs vermutet man Abbildungen des Brückenbaumeisters oder Fabelwesen, die schlechte Einflüsse bannen sollten. Rätsel gibt das **Bruckmandl** **3** am höchsten Punkt der Brücke auf. Es hockt auf einem Spitzdach,

ADRESSEN/ÖFFNUNGSZEITEN

Museum im Brückturm **4**: T 0941 507 58 88, www.schiffahrtsmuseum-regensburg.de, April–Okt. tgl. 10–19 Uhr, Erw. 2 €, Kind 1,50 €. Im Ableger des Donau-Schiffahrts-Museums (▶ S. 79) gilt es, viel Wissenswertes zum Bau und zur Konstruktion der Steinernen Brücke zu entdecken.

Besucherzentrum Welterbe Regensburg im Salzstadel **5**: Weiße-Lamm-Gasse 1, www.regensburg-welterbe.de, tgl. 10–19 Uhr, Eintritt frei

SECHS AUF KRAUT

Wurstkuchl **1**: Thundorfer Str. 3, T 0941 46 62 10, www.wurstkuchl.de, tgl. 9–19 Uhr, 6 Würstl mit Kraut 9 €. Die 30 Sitzplätze in der historischen Stubn der Wurstkuchl sind schnell besetzt, aber bei schönem Wetter sitzt man ohnehin lieber draußen auf den Bänken an der Donau. Neben der Hausspezialität, den Schweinsbratwürsten, gibt es auch andere Gerichte der Oberpfälzer Küche wie etwa Erdäpfelsuppe, Schwarzes Kipferl oder Saure Zipferl.

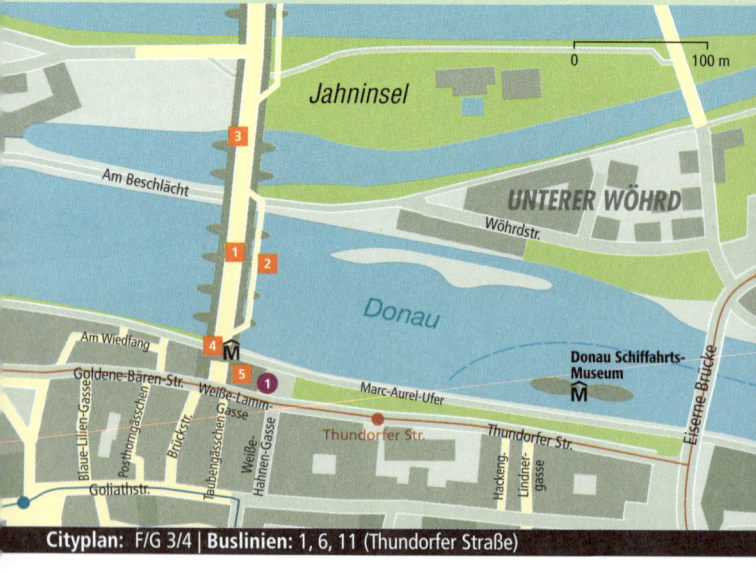

Cityplan: F/G 3/4 | **Buslinien:** 1, 6, 11 (Thundorfer Straße)

Als ob's schon immer so gewesen wäre – die Würstl auf Kraut sind und bleiben die Renner in der Wurstkuchl.

den Blick auf die Stadt, und ersetzte im 19. Jh. aus konservatorischen Gründen die Skulptur von 1579, die seitdem das Historische Museum (▶ S. 33) beschützt (ein vom Zahn der Zeit angenagter Torso). Aber auch dieses Bruckmandl war nicht das Original – das nämlich kam wohl bereits beim Bau der Brücke auf den Nordturm. Fazit der im Lauf der Jahrhunderte zahlreichen Versuche einer Sinndeutung: Es handelt sich um einen ›Südweiser‹, eine Figur, die nach Süden (und somit eher zufällig auf die Stadt) blickt und den Reisenden die Himmelsrichtung weist.

Die UNESCO spricht ein Machtwort

Jede Medaille hat eine Kehrseite: Die Brücke erleichterte den Verkehr, aber auch den Zugang zur Stadt. Die Regensburger wollten natürlich kontrollieren, wer hereinkam, und ließen die Brücke stark befestigen. Von den drei Türmen – einer an jedem Ende und einer etwa in der Mitte – steht nur noch der südliche **Brückturm** 4.

Versagte man im Mittelalter Vagabunden den Übergang, müssen heute Autos ›draußen‹ bleiben. Die durch Busse und Lkw verursachten Schäden waren so massiv, dass die ›Steinerne‹ 2008 für jeglichen Kraftfahrverkehr gesperrt wurde. Der nun notwendige Umweg über die Alternativbrücken im Westen und Osten war lange Streitthema in Regensburg. Am Ende entschied die UNESCO. Sie unterband die Pläne, in unmittelbarer Nähe des Denkmals einen alternativen altstadtnahen Donauübergang zu errichten. Ihre Drohung, Regensburg den Welterbestatus zu entziehen – was sie, siehe Dresden, wohl auch getan hätte –, genügte.

Probleme über Probleme bereitete die Steinerne Brücke der Schifffahrt. Davon und von ihrer Baugeschichte erzählt das **Museum im Brückturm** 4. Im obersten Stock eröffnet sich von der Türmerwohnung ein fantastischer Rundblick über Donau und Altstadt und eine ganz besondere Perspektive auf die geschwungene und von Beschlächten gesäumte Brücke.

Ganz schön gesalzen

Der Handel mit Salz aus den Salinen von Berchtesgaden ist in Regensburg seit dem 8. Jh. belegt. Es gelangte auf dem Inn bis Passau und wurde von dort auf der Donau bis Regensburg getreidelt. Aber nachdem im 15. Jh. das Monopol der ›Salzherren‹ gefallen war, durfte plötzlich jeder Regensburger Kaufmann mit Salz handeln. Sofort riefen die Kaufleute nach ausreichenden Lagerkapazitäten, da ihnen der 1551 vom bayerischen Herzog Albrecht errichtete Amberger Salzstadel in Stadtamhof gegenüber nicht groß genug zu sein schien für die erhofften Mengen. So beschloss der Stadtrat 1616 den Bau eines reichsstädtischen Lagerhauses. Nur wohin stellen? Zur Brückenverwaltung gehörten bis dahin – auf Regensburger Seite und östlich des Brückenaufgangs – ein Badhaus und eine Garküche. Die Stadt riss sie ab und baute neu. Die Statik mit zwei Ober- und fünf Dachgeschossen war aber so wenig durchdacht, dass der Mittelteil kurz nach Fertigstellung einbrach. Man fing von vorne an – diesmal mit stärkeren Fundamenten und gewaltigen Holzbohlen. Die Konstruktion hielt, das Salz hatte seinen Platz gefunden. Die mächtigen Balken sind bestens erhalten und beim Besuch der heute im **Salzstadel** 5 untergebrachten Tourist Information und des Besucherzentrums Welterbe zu bewundern.

Steiler geht's nimmer: Die Mauern des Salzstadels können das Dach kaum tragen.

Fast Food mit Tradition

Für die abgerissene Garküche ließen die Stadtherren 1615 ein neues Gasthaus erbauen, das sich in seiner ursprünglichen Form heute noch an ein Stück Stadtmauer aus dem 14. Jh. lehnt und als **Wurstkuchl** 1 und ältester Fast-Food-Stand der Welt Berühmtheit erlangte. Die Spezialisierung auf Bratwürste stammt allerdings erst aus dem 19. Jh. Davor brutzelten die Köche in der offenen Rauchkuchl, dem ersten Raum, den man betritt, alles Mögliche. Heute zischen die berühmten Regensburger Rostbratwürste auf der Holzkohlenglut und die wenigen Plätze in der gemütlichen Stube sind gut besetzt. Ich nehme mir meine ›Sechs auf Kraut‹ am liebsten mit ins Freie. Die Wurstkuchl mag noch so sehr von Touristen belagert sein – die Würstl sind ein gutes Stück Regensburger Tradition und der Blick auf die ›Steinerne‹ und die Donau gehört einfach dazu.

Regensburg will hoch hinaus – **der Dombau St. Peter**

2

Der Dom St. Peter zählt zu den architektonischen Höhepunkten Regensburgs – schon deshalb, weil er sich auf einem Sockel nochmal ein Stück höher über die Altstadt reckt. So ragen seine beiden Türme mit ihrem Gardemaß von 105 m nicht endenwollend in den Himmel. Und sein berühmtes, wie ein filigranes Schnitzwerk erscheinendes Westportal übt eine beinahe unheimliche Sogwirkung aus.

Aber ziehen wir die Sache doch mal von hinten auf. Hinter dem Dom im östlich gelegenen **Domgarten 1** stapeln sich große Kalksteinbrocken rund um die Werkstätte der **Dombauhütte,** einige im Zustand der Bearbeitung, andere roh, unbehauen. Hämmern und Schleifen dringt aus der Werkstatt, untermalt vom flotten Schlagerprogramm eines Lokalsenders. Trällerte das Radio

Auge in Auge mit dem Dom, genauer: mit seiner Westfassade – das geht so nur vom Haus Heuport aus.

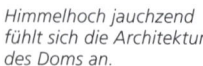

Himmelhoch jauchzend fühlt sich die Architektur des Doms an.

nicht – alles wäre so wie vor knapp 800 Jahren, als die Geschichte von St. Peter begann. Ohne die mittelalterliche Dombauhütte hätte es keinen Dom gegeben und ohne die heutige sähe er mit Sicherheit ziemlich ramponiert aus.

Um Himmels Willen

Eine romanische, ebenfalls St. Peter geweihte Basilika stand hier bereits im 9. Jh. Als sie 1273 abbrannte, entschloss sich die Bürgerschaft zum Neubau einer repräsentativeren Kirche. Sie sollte alles überstrahlen und deshalb auf einem 3 m hohen, steinernen Sockel stehen. Wie mag das im 13. Jh. gewirkt haben, als die meisten umstehenden ›normalen‹ Häuser den Unterbau von St. Peter kaum überragten?

Die Kaufmannschaft Regensburgs stand im Zenit ihrer Wirtschaftskraft und wollte sich etwas gönnen. Zunächst einmal musste sie aber hart verhandeln, denn mehrere Wohnhäuser, die St.-Nikolauskapelle und die Kirche St. Johannes waren dem Neubau im Weg. Erst 1325 erwirkte man durch hohe Ausgleichszahlungen an den Grundstückseigentümer, das Chorherrenstift St. Johann, den Abriss der Häuser und 1341 den der Nikolauskapelle. Währenddessen hatte man aber schon fleißig Mauern hochgezogen und die Kirche St. Johannes fand sich schließlich mitten in der Baustelle wieder. Die Westfassade des Doms konnte erst beendet werden, als das Stift dem Abriss von St. Johannes zustimmte. Man schrieb das Jahr 1380, hundert Jahre nach Baubeginn.

Regensburger Sisyphus

Der aktuelle Dombauhüttenmeister Helmut Stuhlfelder kennt die Baugeschichte bis ins kleinste Detail – und jeden Stein seines Doms.

V
VOR DER PARTY

Die Stufen entlang der Südfassade des Doms sind an Sommerwochenenden ein beliebter Treffpunkt zum ›Vorglühen‹, bevor die Jugend weiterzieht in Kneipen und Diskotheken wie den **SUDclub** (▶ S. 108) in der ehemaligen Post gegenüber. Super: Die Altstadt ist belebt. Mist: die völlig vermüllten Stufen am Morgen.

Den Beinamen ›Regensburger Sisyphus‹ hätte er weiß Gott verdient. Seit 46 Jahren versieht er seinen Dienst, seit einem Vierteljahrhundert als Hüttenmeister über elf Mitarbeiter. Das Team ersetzt Steine, die unter dem Einfluss der Luftverschmutzung zu zerbröseln drohen, bessert beschädigte Skulpturen aus und formt Duplikate der historischen Originale. Wie schon im Mittelalter wird alles Ersetzte mit persönlichen Steinmetzzeichen markiert. Die Baustelle wandert in Schildkrötentempo um das Gotteshaus und wird doch nie fertig. Einmal ist Stuhlfelder bereits ganz um den Dom herumgekommen in seinem langen Arbeitsleben, nun dreht er die zweite Runde. Für die Restaurierung benutzen die Steinmetze fast ausschließlich historisches Arbeitsgerät, das sie auch selbst herstellen. Der bayerische Staat, seit der Säkularisierung Eigentümer des Doms, finanziert dessen Instandhaltung mit 1 Mio. € im Jahr.

Besinnliche Pause unter den steinernen Bögen des Doms

Von der Dombauhütte aus erkennen Sie ganz gut, wie der Kirchenbau zu Regensburg begann. Denn hier im Osten hatten Teile der romanischen Vorgängerbasilika das Feuer überstanden. Der ursprüngliche Baustil orientierte sich deshalb stark an der Romanik, wenngleich damals bereits die Gotik in voller Blüte stand. Erst als 1283 ein in Frankreich ausgebildeter Baumeister das Projekt übernahm, änderte sich die Formensprache. Am **Chor** **2** ist der Wandel außen sichtbar: Unten das konservative Fundament, darüber der Hochchor, der aus einer einzigen Glaswand zu bestehen scheint – das Charakteristikum der französischen Gotik.

Die Bibel im Zeitraffer

Zurück zum **Westportal** **3**, wo die Steinmetze der Dombauhütte Anfang 2017 hinter Gerüsten und Planen ihre Arbeit versahen. Es gehört zu den Höhepunkten der Hochgotik überhaupt. Ungewöhnlich ist die dreieckige Vorhalle mit dem aufgesetzten Balkon. In den Bögen über dem Portal erzählen 22 Reliefs vom Leben Marias und der Kindheit Jesu, angefangen mit einer filigranen »Wurzel Jesse«, dem mythischen Stammbaum von Jesus Christus. Das dreigeteilte Tympanon ist Marias Tod, Himmelfahrt und Krönung gewidmet. Empfangen wird sie vom Kirchenpatron Petrus, der so Eingang findet in das sonst gänzlich auf Maria ausgerichtete Bildpro-

Sollten Sie den Dom so betrachten können, können Sie sich glücklich schätzen! Denn oft hält er sich im Nebel oder hinter Baugerüsten versteckt.

Aus dem Nordschiff des Doms führt ein Durchgang zum **Domschatzmuseum 8**. Ich kann mit angehäuften Kirchenschätzen und edelsteinbesetzten Reliquiaren zwar nichts anfangen, aber das hier gezeigte Schmetterlingsreliquiar ist eine Sensation! Das um 1310 von Pariser Goldschmieden in Form eines Schmetterlings angefertigte, mit Email verzierte und nur 4 auf 5 cm kleine Stück zeigt die Kreuzigungsszene. Der Schmetterling steht hierbei für »Metamorphose«, also die Wiederauferstehung Christi. Ebenfalls interessant ist der Steinquader mit den aktuell von der Dombauhütte verwendeten Steinmetzzeichen.

gramm. Die Reliefs sind ungemein detailgenau und fein gearbeitet – von einem der besten Steinmetze des ausgehenden 14. Jh.

Effekte und Blendung

Können Sie sich der Wirkung erwehren, die beim Betreten des Doms die mittelalterlichen Glasfenster auslösen? Der 85 m lange Kirchenraum mit seiner unglaublichen Höhe von knapp 32 m ist lichtdurchflutet, als erleuchteten ihn unzählige farbige Scheinwerfer. Mit der französischen Gotik kam das Licht in die Gotteshäuser, und in Regensburg wurde die Wirkung der bemalten Glasfenster noch dadurch gesteigert, dass der **Chorschluss 4** wie eine halbrunde Glaswand erscheint. Davor erstrahlt wie ein silbernes Schatzkästchen der kostbare **Barockaltar 5**, den Augsburger Goldschmiede aus unzähligen Einzelteilen zu einem faszinierenden Ganzen fügten. Es glitzert, leuchtet und glänzt also, sodass man sich gut vorstellen kann, wie Dombesucher angesichts der hellen Vielfarbigkeit der Kirche das himmlische Jerusalem vor Augen wähnten. In all dem Strahlen übersieht man leicht die Verkündigungsgruppe an den beiden westlichen **Vierungspfeilern 6**: Die beiden vom sogenannten Erminoldmeister um 1280 geschaffenen, überlebensgroßen Figuren des Engels und Mariens sind von einer ungemein intensiven Ausdruckskraft. Und sehen Sie, wie entspannt der Engel lacht! Gegenüber, an den östlichen Pfeilern, schauen die beiden Heiligen Petrus und Paulus wesentlich grimmiger drein.

Orientalisches Design im Regensburger Dom? Nein, nur strahlend leuchtende Glasfenster.

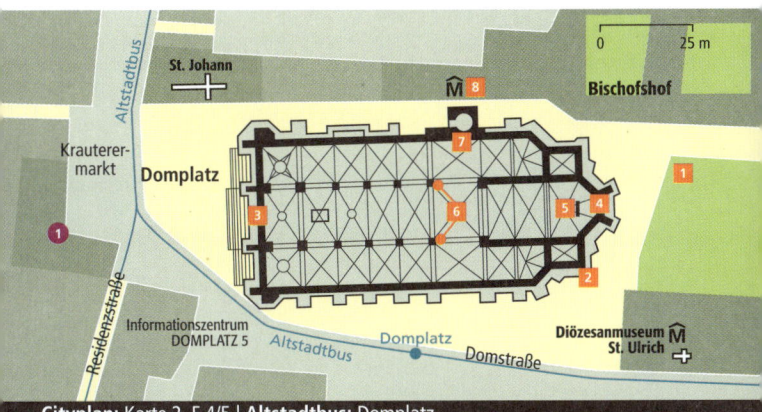

Cityplan: Karte 2, F 4/5 | **Altstadtbus:** Domplatz

ÖFFNUNGSZEITEN

Dom St. Peter: tgl. April, Mai, Okt.
6.30–18, Juni–Sept. 6.30–19, Nov.–
März 6.30–17 Uhr, Eintritt frei
Informationszentrum DOMPLATZ 5:
Tickets und Informationsmaterial,
T 0941 597 16 60, www.domplatz-5.
de, Mai–Okt. Mo–Sa 9–18, So
13.30–14.30, im Winter Mo–Sa 9–17,
So 13.30–14.30 Uhr
Gottesdienste: Mo–Sa 7 Uhr Heilige
Messe; So, Fei 10 Uhr Kapitelmesse mit
dem Domchor Regensburger Domspat-
zen (nur zu den Schulzeiten), 12 Uhr
Heilige Messe; Sommerzeit Mo–Fr 12
Uhr Mittagsmeditation mit Orgelmusik
Domkonzerte: Juni/Juli jeweils Mi
20 Uhr, Infos und Tickets bei DOM-
PLATZ 5 oder unter www.domorgel-
regensburg.de

Domführungen: Dom und Bischofs-
grablege (Domkreuzgang und Allerheiligenkapelle wg. Sanierung bis 2020
nicht zugänglich) tgl. 14.30, Mai–Okt.
Mo–Sa auch 10.30 Uhr, Eintritt 6 € (gilt
auch für Domschatzmuseum), Verkauf
und Treffpunkt DOMPLATZ 5
Domschatzmuseum 8 : Mo–Sa
11–17, So 12–17 Uhr, 3 €

SPEISEN MIT AUSBLICK

Vom Restaurant **Haus Heuport** 1
(Domplatz 7, T 0941 599 92 97,
www.heuport.de, tgl. ab 9 Uhr, Hauptgerichte 17–28 €) im ersten Stock des
gotischen Anwesens haben Sie den
perfekten Blick auf die Westfassade des
Doms, dazu gibt es feine Küche mit Oberpfälzer und internationalen Spezialitäten.

Am seidenen Faden

Wenn Sie den Dom zur Mittagsmeditation besu-
chen, was ich Ihnen sehr ans Herz lege, erleben
Sie eine weitere Besonderheit dieses Gotteshauses. Die 2009 eingebaute moderne **Orgel** 7 mit
über 80 klingenden Registern und 5871 Pfeifen
hängt an vier nur 30 mm dicken Stahlseilen in
8 m Höhe an der Nordwand des Querschiffs, um
die gotische Bausubstanz nicht zu beschädigen.
Der Organist schwebt in einem gläsernen Aufzug
engelsgleich zu seinem Spieltisch.

Frauenpower kontra Bischof – **das Stift Niedermünster**

Rebellion hinter Klostermauern, ein öffentlich gescholtener Kaiser, brüskierte Bischöfe – die Kanonikerinnen der Regensburger Damenstifte erwiesen sich als durchsetzungs- und schlagfertig, wenn es um ihre Unabhängigkeit ging.

Sanftheit war Herzogin Judiths Sache sicher nicht, auch wenn die friedliche Figur auf der Tumba einen anderen Eindruck vermittelt.

Die beiden Türme aus grauem, schmucklosem Bruchsteinmauerwerk lugen wuchtig über die Häuserdächer am Alten Kornmarkt, doch die Ausstattung der romanischen **Dompfarrkirche Niedermünster** **1** wirkt eher bescheiden: Das auffälligste Denkmal, ein dreibogiger, gotischer Baldachin, behütet an der Nordwand den kostbarsten Schatz, das Grab des hl. Erhard. Über ihn wacht eine kleine, aus dem 14. Jh. stammende Frauenfigur ganz links. Mit ihr, der Herzogin Judith (925–987), beginnt die Geschichte des Stifts Niedermünster.

ADRESSE/ÖFFNUNGSZEITEN
Stiftskirche Niedermünster **1** **und document:** Niedermünstergasse 4, www.document-niedermuenster.de, Führungen im document für Einzelbesucher So, Fei, Mo 14.30 Uhr, 75 Min., Eintritt 6 €, Treffpunkt/Anmeldung bei DOMPLATZ 5, T 0941 597 16 60

KLEINE PAUSE

Nach so viel Kirchengeschichte kommen ein Espresso oder eine leckere Pasta im mediterran eingerichteten **Caffè Rinaldi** **1** gerade recht – Judith hätte es gemocht (Alter Kornmarkt 3a, T 0941 599 39 57, Mo–Do 8–22.30, Fr, Sa bis 24, So bis 18 Uhr, Hauptgerichte um 12 €).

Cityplan: Karte 2, G 4/5 | **Altstadtbus:** Domplatz

Ihr könnt uns nichts!

Judith war die Ehefrau des bayerischen Herzogs Heinrich I., der um 950 einen Neubau der Niedermünsterkirche über dem Erhardi-Grab (den dritten, ein weiterer folgte im 12. Jh.) anordnete. Nach Heinrichs Tod wenige Jahre später ließ ihn seine Gattin im Gotteshaus beisetzen, stattete das zur Kirche gehörige und bis dahin unbedeutende Kloster reich aus und trat 973 als Äbtissin ein. Sie gilt als Begründerin des Stifts Niedermünster.

Doch wie das kurz zuvor gegründete Damenstift Obermünster, das heute nicht mehr besteht, hielt sich dieser Konvent nicht an die benediktinischen Klosterregeln, sondern gerierte sich als eine Art Pensionat für höhere Töchter: Das Bekenntnis zu strenger lebenslanger Klausur galt nur für die Äbtissin. Die Kanonikerinnen führten ein durchaus vergnügliches Leben. Sie lernten lesen und schreiben, trugen weltliche Kleidung und durften jederzeit austreten. Da das Stift durch die Schenkungen seiner gut betuchten Bewohnerinnen auch sehr reich war, besaß es großen Einfluss. Als König Heinrich IV. 1002 Niedermünster auch noch die Reichsunmittelbarkeit verlieh, schuldete das Kloster nur noch dem König Rechenschaft. Die Äbtissin nahm als Reichsfürstin an den Reichstagssitzungen teil.

Selbstbewusste Klosterdamen in starkem Bau – die Niedermünsterkirche setzt über den Dächern von Regensburg ein Statement.

Ein spannendes Element dieses Gotteshauses verbirgt sich unter seinen Fundamenten – eine Treppe führt an einer Zeitleiste entlang zu archäologischen Ausgrabungen, die modern gestaltet und animiert als **document Niedermünster** mit Führung besichtigt werden können. Die archäologischen Funde beginnen mit dem römischen Castrum im 2. Jh. v. Chr. und führen über die Spätantike ins frühe Mittelalter, als um das 8. Jh. eine erste Pfalzkapelle mit angrenzendem karolingischen Friedhof entstand. In der Kapelle fanden ein bayerischer Herzog, wahrscheinlich Theodo II., und kurz darauf der hl. Erhard ihre letzte Ruhe. Schließlich wurde darüber die heutige Stiftskirche errichtet. Eine tolle Ausstellung, die Geschichte sinnlich erfahrbar macht.

Sitzstreik der Stiftsdamen

Keine Frage, dass die Kirche Probleme mit diesem eigenwilligen Selbstverständnis hatte: Bereits der später heiliggesprochene Bischof Wolfgang (972–994) biss sich an den Kanonikerinnen die Zähne aus und schaffte es nicht, die Damen zur Befolgung der benediktinischen Regeln zu bewegen. Heftigen Widerstand erlebte auch Kaiser Friedrich II., als er 1215 Niedermünster gegen Nördlingen tauschte und das Stift damit dem Regensburger Bischof Konrad IV. unterstellte, der damit weisungsbefugt gewesen wäre. Äbtissin Tuta stellte den Kaiser beim Reichstag zur Rede und erreichte die Rücknahme der Vereinbarung.

Dass es der Kirche vor allem um das Klostervermögen ging, führte 1470 Bischof Heinrich von Absberg im Kloster Obermünster persönlich vor. Unter dem Vorwand, den unsittlichen Lebenswandel unterbinden zu müssen, versuchte er, den Klosterschatz zu beschlagnahmen. Äbtissin und Stiftsdamen setzten sich an die Tür der Schatzkammer und verhinderten, dass der Bischof sie versiegeln konnte.

Suchspiel mit Judith

Eine gehörige Portion mittelalterlicher Frauenpower ballte sich also hinter Klostermauern zusammen. Ist es überraschend, dass man davon heute in der Niedermünsterer Kirche kaum etwas merkt? Die Tumba der Stiftsgründerin Judith erhielt im 17. Jh. einen eher peripheren Platz neben dem Portal unter der Westempore. Und die kleine gotische **Judith-Figur** am Baldachin ist nur zu sehen, wenn man weiß, wo man suchen muss.

→ UM DIE ECKE

Von Niedermünster nach Westen sind es wenige Schritte durch den Domgarten zum im 11. Jh. erbauten und leider zurzeit geschlossenen **Domkreuzgang** sowie der 1164 errichteten **Allerheiligenkapelle.** Für 2020 steht die Wiedereröffnung dieses mit Fresken geschmückten Gotteshauses an, das ganz offensichtlich von Gastarbeitern aus der Lombardei errichtet wurde. Eine nahezu identische Kirche, die Taufkapelle von Mariano Comense, steht südlich von Como.

Alltag am Limes – **die Römer in Regensburg**

Das alte Rom im Museum – ein paar Fundamente hier, verstaubte Tongefäße dort, unleserlich beschriftete Grabstelen, Scherben, oder? Nicht in Regensburg! Das Historische Museum im ehemaligen Minoritenkloster fügt Münzen, Steinfragmente und Alltagsinventar zu einem faszinierenden Panorama des römischen Ratisbona.

Der Weg ins römische Legionslager Castra Regina führt aber zunächst in die Parkgarage am Dachauplatz. Dort nämlich, direkt dem Historischen Museum gegenüber, versteckt sich das **document Legionslagermauer:** Seine 50 m lange römische Kastellmauer hat die letzten 1800 Jahre als Teil der mittelalterlichen Stadtbefestigung gut überstanden. Angesichts des geschickt ausgeleuchteten Mauerfragments ist Geschichte zum Greifen nah. Und im **Historischen Museum** geht es dann weiter.

Auch die Römer wollten schon hoch hinaus – die Porta Praetoria im Modell.

Erstaunlich, dass die Römer noch so viel Zeit zum Bauen fanden – wo sie doch eigentlich ständig ein kleines Dorf in Gallien belagerten ...

Ein Kupferkessel mit einem römischen Gold- und Silbermünzenschatz wurde 1989 bei Bauarbeiten in Kupfmühl entdeckt, wo sich einst ebenfalls ein Legionslager befand. Jetzt ist er im Saal 3 des Museums zu bestaunen.

Wo die Römer lebten

Die Größe des **Castrums** zeigt das Modell des Römerlagers im **ersten Saal** **1**: Die Ostmauer verlief entlang der heutigen D.-Martin-Luther-Straße und des Dachauplatzes, die Westgrenze entlang des Weißgerbergrabens und des Arnulfsplatzes. Den Süden markieren Emmeramsplatz, Marschall- und Obermünsterstraße, während die Nordmauer in etwa der Gasse Unter den Schwibbögen folgte. Das 450 auf 540 m messende, etwa 25 ha große Geviert war folglich nicht wesentlich kleiner als der heutige Regensburger Altstadtkern. 179 n. Chr. waren 5000 Soldaten der III. Italischen Legion in den Kasernen untergebracht. Ihr Symbol, ein Storch, schmückt ein Legionärsschild in einer der Vitrinen. Zusammen mit Zivilpersonal lebten bis zu 15 000 Menschen innerhalb und außerhalb des Castrums. Die Innenstadt ist heute übrigens nicht wesentlich dünner besiedelt: 17 000 Einwohner zählt der Bezirk 1, der im Westen und Süden etwas über die Grenzen des römischen Forts hinausreicht.

Wie die Römer bauten

Fünf bis sieben Jahre dauerte der Bau des Castrums, 30 000 m³ Steinquader wurden dafür in den Steinbrüchen entlang der Donau gehauen. Welche Techniken und Maschinen zum Einsatz kamen, dokumentiert die Rekonstruktion vom Bau des Nordtors der Porta Praetoria (▶ S. 83) im selben Saal. Ursprünglich muss man sich das Bauwerk als doppelbogiges Tor mit Seitentürmen vorstellen. Interessant sind außerdem zwei Schautafeln. Die erste zeigt die Fundstellen römischer Artefakte auf Stadtgebiet, die zweite erläutert das Verhältnis der Römer zu den Germanen jenseits der Donau, die offensichtlich nicht nur Feinde waren: Man trieb regen Handel miteinander.

Die **Säle 2** **2**, **3** **3** und **4** **4** widmen sich detailreich Wirtschaft und Religion. Spannend finde ich eine Karte, die die verzweigten Fernhandelswege des Römischen Reiches dokumentiert; gläserne Flakons und Austernschalen belegen, dass Beziehungen von Regensburg bis an den Atlantik und in den Vorderen Orient reichten. Auch die große Zahl unterschiedlichster Münzen zeigt, wie bedeutend Regensburg als Umschlagplatz war.

Wie die Römer wohnten

Ein Querschnitt durch das **Modell eines römischen Hauses** `5` in Saal 5 führt das komfortable Leben der römischen Bürger des Castrums vor Augen. Mit Heißluft betriebene Fußbodenheizungen gehörten zur Standardeinrichtung der Villen. Die Wände schmückten Malereien pflanzlicher Motive. So luxuriös hatten es natürlich nur Führungspersonal und reiche Kaufleute. Bei den Legionären sah es anders aus, sie hausten in drangvoller Enge. Damit da keine Seuchen ausbrachen, waren ihre Unterkünfte allerdings mit einem System von Latrinen und Abwasserkanälen versehen.

Was unter parkenden Autos so alles zum Vorschein kommt: das document Legionslagermauer.

Wie die Römer starben

Den stimmungsvollen Abschluss des römischen Rundgangs bildet der **romanische Kreuzgang** `6` des ehemaligen Minoritenklosters. Die Grabsteine stammen aus den Gräberfeldern im Umkreis des Castrums. Darunter befindet sich auch ein offener Sarkophag, Skelett inklusive. **Saal 7** `7` liefert dazu Hintergründe und Erläuterungen in Form von Grabbeigaben, Inschriften und Schmuck.

INFOS/ÖFFNUNGSZEITEN

document Legionslagermauer: Parkhaus Dachauplatz, ständig zugänglich, Eintritt frei

Historisches Museum: Dachauplatz 2–4, T 0941 507 24 48, www.regensburg.de, Di–So 10–16 Uhr, Erw. 5 €, Kind 2,50 €. Führung Römisches Regensburg Sa 13 Uhr, Erw. 7,50 €, Kind 4 € (inkl. Eintritt)

NACHTS IM MUSEUM

Keine Angst, das römische Skelett aus Saal 7 kommt nicht vorbeigeklappert, wenn Sie im netten **MuseumsCafé** ❶ im Südflügel des Kreuzgangs auf ein feines Candle-Light-Dinner einkehren (im Historischen Museum, T 0941 567 62 76, www.cafe-im-museum.de, tgl. ab 9, Candle-Light-Dinner freitags 18 Uhr, 3-Gänge-Menü 29 €). Die Atmosphäre ist sehr romantisch und das mediterran angehauchte Essen schmeckt köstlich.

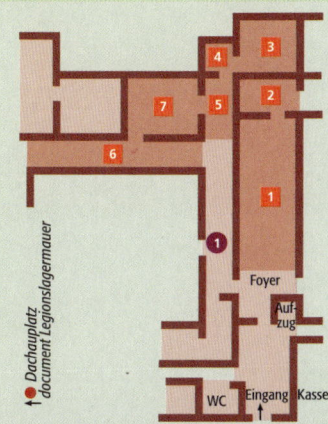

5

Judentürl und Stolpersteine –
Spurensuche am Neupfarrplatz

Ein Sommertag auf dem Neupfarrplatz: Junge Mütter sitzen auf den Säulenstümpfen von Dani Karavans »Ort der Begegnung« 1 und gucken ihren Kleinen beim Herumtollen zwischen den weißen Betonsockeln zu. Ein Pärchen hat sich Eis schleckend niedergelassen, ein Student bearbeitet sein Tablet … Ob wohl einer von ihnen weiß, dass er sich im Herzen des 1519 abgerissenen jüdischen Gettos befindet?

Damit Karavans »Ort der Begegnung« ein bisschen bequemer wird, bekommt er jetzt schicke Holzbänke.

Das nämlich haben archäologische Ausgrabungsarbeiten 1995 bis 1998 unter dem Neupfarrplatz zutage gefördert. Dabei entdeckten die Wissenschaftler auch die Fundamente der frühgotischen Synagoge, die sie bis dahin am Standort der **Neupfarrkirche** 2 vermutet hatten. Und unter ihr kamen Spuren eines noch älteren jüdischen Tempels aus dem 12. Jh. zutage. Der Maler und Regens-

Cityplan: Karte 2, F 5 | **Altstadtbus:** Neupfarrplatz

ADRESSE/ÖFFNUNGSZEITEN

document Neupfarrplatz 3:
Führungen Do, Fr, Sa, Juli/Aug. auch So, Mo 14.30 Uhr, Erw. 5 €, Kind 2,50 €, Einzelführungen nach Voranmeldung bei Büro Management Museumsführungen, Keplerstr. 5, T 0941 507 34 42, www.regensburg.de

BAYERISCH ODER VEGAN?

Für eine kleine geruhsame Pause bei bayerischen Schmankerln oder für einen lauschigen Nachmittag im Biergarten eignet sich das **Hacker Pschorr Wirtshaus 1** im Augustinerkloster hervorragend (Neupfarrplatz 15, T 0941 584 04 55, www.hacker-pschorr-regensburg.de, tgl. ab 10 Uhr, Vorspeisen um 7 €, Hauptgerichte um 13 €).
Direkt gegenüber der Synagogenbaustelle kehre ich gerne ins **Taracafé 2** ein (Am Brixener Hof 5, T 0941 64 63 55 41, www.taracafe-regensburg.de, Mo–Sa 9–21 Uhr, Hauptgericht um 8 €). Die leichten veganen Gerichte – bunte Salate, Hummus, Falafel und vor allem die Kuchen – schmecken einfach sehr gut.

burger Stadtrat Albrecht Altdorfer hatte kurz vor dem Abriss eine akribisch genaue Radierung des Innenraums angefertigt.

Blütezeit und Ultimatum

Die jüdische Gemeinde in Regensburg ist spätestens ab dem 10. Jh. nachgewiesen und betrieb wie ihr christliches Gegenstück Fernhandel. Im 13. Jh. übernahmen ihre Mitglieder auch noch den Geldverleih, da der Papst der Christenheit untersagt hatte, Zinsen anzunehmen. Während im 13. und 14. Jh. in vielen deutschen Städten Gettos brannten (immer auch gerne, um Schulden loszuwerden), blieb es in Regensburg ruhig. Etwa 500 Regensburger jüdischen Glaubens siedelten in dem Areal des Neupfarrplatzes und der angrenzenden Gassen. Sie besaßen mehrere Talmudschulen und ein rituelles Tauchbad, die *mikwe*. Nachts blieben die Zugangstore zum Getto geschlossen. Ein solches **Judentürl 4** bzw. der verschließbare Durchgang ist

MULTI-MEDIA

Einen Blick in den Ausgrabungsbereich unter dem Platz erlaubt das **document Neupfarrplatz 3** als begehbare archäologische Stätte mit den Kellerräumen der rund 40 jüdischen Häuser des Gettos und der Synagoge. Die ausgegrabenen Mauern und Böden bringt die geschickte multimediale Gestaltung zum Sprechen.

Gegen das Vergessen – die Stolpersteine erinnern subtil und doch gut sichtbar an die im Nationalsozialismus deportierten und ermordeten jüdischen Bürger Regensburgs.

zwischen den Häusern Tändlergasse 9 und 11, wenige Schritte vom Neupfarrplatz entfernt, erhalten.

Regensburgs wirtschaftlicher Niedergang traf auch die jüdischen Kaufleute und machte sie zugleich zu Sündenböcken. 1519, nach dem Tod Kaiser Maximilians I., der die Juden geschützt hatte, musste Regensburgs jüdische Gemeinde die Stadt binnen fünf Tagen räumen. Das Viertel wurde dem Erdboden gleichgemacht und auf dem Gelände eine Kapelle errichtet, aus der sich später die Neupfarrkirche entwickelte.

Eis essen, lesen, Leute treffen

Die Spuren des Gettos liegen wie historische Jahresringe übereinander geschichtet unter dem Neupfarrplatz verborgen. Wie sollte man sie mit einem Denkmal sichtbar machen? Die jüdische Gemeinde Regensburgs (mit heute wieder mehr als 1000 Mitgliedern) beauftragte den israelischen Künstler Dani Karavan (geb. 1930). Der löste den Auftrag so einfach wie genial: Exakt über dem Fundort der Synagoge ließ er ihre Fundamente als leicht unter Bodenniveau gesenktes Relief aus hellem Beton erstehen, mit den Säulenstümpfen der zweischiffigen Halle und dem im Osten liegenden Thora-Schrein. Programmatisch nannte er das Kunstwerk **»Ort der Begegnung«** **1** – genau dazu hat es sich entwickelt.

Um die Neupfarrkirche herum finden immer wieder Märkte statt, auf denen man kulinarische Schätze ergattern kann.

> **→ UM DIE ECKE**

1912 weihte Regensburgs jüdische Gemeinde, fünf Gehminuten vom Neupfarrplatz entfernt, eine neue repräsentative Synagoge im orientalisch inspirierten Jugendstil, die Hitlers Horden 1938 bei den Novemberpogromen zerstörten – 196 **Stolpersteine** erinnern in der ganzen Stadt an die vom NS-Regime verschleppten und ermordeten Mitbürger. Erst 1969 erhielten die jüdischen Regensburger ein **Gemeindezentrum** **5** an selber Stelle. Und seit 2016 ist hier – Am Brixener Hof 2 – die Neue Synagoge in Bau. Der Siegerentwurf von Staab Architekten verbindet moderne lichterfüllte und transparente Architektur elegant mit den notwendigen Sicherheitsanforderungen. Auf die fertige **Synagoge,** die 2019 und damit 500 Jahre nach Vertreibung der Juden im Jahr 1519 geweiht werden soll, bin ich sehr gespannt.

Von Bürsten, Rädern und Kuchen – **made in Regensburg**

6

Beim Shoppen in Regensburg sind Überraschungen nicht ausgeschlossen. Eigentlich wollten Sie nur einen Kuchen essen, fahren jetzt aber mit einem todschicken Designrad nach Hause. Oder einem flippigen Hütchen? Testen Sie einfach, wie viel bewahrender und Neues aufwirbelnder Geist durch die mittelalterlichen Gassen weht.

Kennen Sie den Unterschied zwischen einem Ziegenhaar-Abstauber und Swiffer? Wenn nicht, dann wird Ihnen Frau Ernst vom Traditionsgeschäft **Bürsten Ernst** 🛍 ausführlich erläutern, wo die Vorteile einer Ziegenhaarbürste liegen. Die Handbürste ist so fein gesteckt, das Haar so filigran und

Hollywood-Connection: Johnny Depps Riesenzylinder aus der Disney-Produktion »Alice im Wunderland« kam aus dem Regensburger Traditionshaus Hutkönig!

So schön und weich können Bürsten sein – auf zu Bürsten Ernst!

Noch älter als Zinn Kleinschmidt ist das 1686 eröffnete **Café Prinzess 2**, eines der ersten Cafés Deutschlands. Zwei Etagen über dem Kaffeehaus formen Meister-Pâtissiers die berühmten Prinzess-Pralinen: Sie heißen ›Barbara-Kuss‹ oder ›Donaumuschel‹ und sind der Inbegriff süßer Regensburger Verführung – und die Geschmacksrichtung ›Kesse Gloria‹ gibt's auch noch.

weich, dass sie Staub richtiggehend aufsaugt. Und nach dem Staubwischen werfen Sie nicht ein weiteres Plastikteil in den Müll, sondern klopfen die Bürste einfach aus und sie ist wie neu. Selbst Staubwischen lässt sich nachhaltig gestalten.

Für jeden Boden eine Antwort

Seit 1894 besitzt Familie Ernst den Bürsten-, Besen- und Reinigungsmittelladen in der Glockengasse. Viele der Bürsten in den Regalen und die meisten Besen sind handgemacht. Das Holz für die Ziegenhaarbürste kommt aus dem Bayerischen Wald, das Ziegenhaar wird Büschel für Büschel im Uhrzeigersinn mittels Draht an den vorgestanzten Löchern des Rohlings fixiert. Mit über 100 Jahren Erfahrung wissen die Ernsts auch für fast jedes Reinigungsproblem eine Lösung. Ich suchte seit Jahren nach vernünftiger Pflege für altmodisches Linoleum. Hier habe ich sie gefunden.

Nur nicht abheben

Den Regensburgern Oliver Roider und Oliver Maier geriet eine Kuba-Reise zur Inspiration. Was ihnen dort eine Pensionswirtin zum Frühstück servierte, war so anregend, dass ihrem Unternehmergeist die sprichwörtlichen Flügel wuchsen. Zurück in der Heimat kreierten sie aus dem mitgebrachten Kräutersud ein neues Lifestylegetränk, Gewara. Die Rezeptur wird natürlich nicht verraten, nur so viel: Die kubanische Cola-Variante ist wesentlich belebender als ihr amerikanisches Original. Wie gut, dass die **Palletti Bar 1** in der Pustet-Passage auf dem Weg zum nächsten Traditionsgeschäft liegt. Denn hier wird Gewara ausgeschenkt.

Zinnhaftes

Wer interessiert sich heute noch für Zinn? Viele offensichtlich, sonst könnte die 1787 gegründete und seit 1935 von Familie Kleinschmidt betriebene Gießerei sich nicht halten. Die Schaufenster von **Zinn Kleinschmidt 2** in der Wahlenstraße wirken jedenfalls, als hätte ein passionierter Sammler seinen gesamten Schatz in die Auslagen gestellt. Es wimmelt darin von Zinnfiguren, -bechern, -anhängern, -aufstellern und, und, und. Eine Ali-Baba-Höhle mit allem, was aus Zinn ist!

Endlich unter dem Hut!

Einen Homburger aus Naturhaar bekommen Sie bei **Hutkönig** am Krauterermarkt, der seit 1875 Hüte modelliert. Über 5000 Holzhutformen lagern in den Regalen der Manufaktur am Dom. Historische Arbeitsgeräte und Maschinen sind erhalten und werden auch benutzt – denn oft, so sagt Firmenchef Andreas Nuslan, seien bestimmte Formen nur mithilfe der alten Arbeitsgeräte zu

SHOPPEN UND ESSEN

Bürsten Ernst : Glockengasse 10, T 0941 517 21, www.bürsten-regens burg.de, Mo–Fr 9–18, Sa 9–16 Uhr

Zinn Kleinschmidt : Wahlenstr. 4, T 0941 546 29, www.zinn-kleinschmidt. de, Mo–Fr 10–18, Sa 10–16 Uhr

Hutkönig : Krauterermarkt 1, T 0941 518 40, www.hutmacher.de, Mo–Fr 9.30–18, Sa 9.30–16 Uhr

Leder Lärm : St.-Georgen-Platz 9, T 0941 546 74, www.lederlaerm.de, Di–Sa 10–14, 15–18 Uhr

Brenner Cycles : Andreasstr. 10, Stadtamhof, T 0941 29 02 33 20, www.brennercycles.de

Lilo's : Stadtamhof 9, T 0177 741 08 35, www.lilokincaid.de, Di–Sa 12–18 Uhr

Palletti Bar : Gesandtenstr. 6, T 0941 515 93, tgl. 8–22 Uhr

Café Prinzess : Rathausplatz 2, T 0941 59 53 10, www.cafe-prinzess. de, Mo–Sa 9–18.30, So 10–18.30 Uhr

Kuchenbar : Am Protzenweiher 1, Stadtamhof, T 0941 38 21 69 95, Mi–Fr 8–18, Sa, So 9–19 Uhr

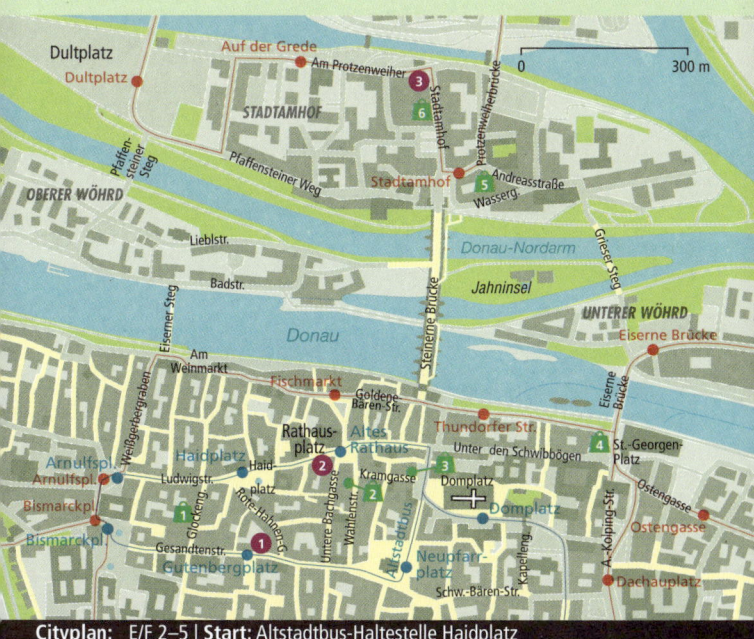

Cityplan: E/F 2–5 | **Start:** Altstadtbus-Haltestelle Haidplatz

Ein altes Handwerk übt auch Jonas Mumm in seiner Manufaktur **Leder Lärm** 🛍 aus. Er fertigt Taschen, Geldbeutel und Fahrradgriffe (für Brenner Cycles, ▶ rechts) aus Leder, übernimmt Lederreparaturen und gibt Tipps zur Lederpflege. Eigentlich wollte er Architekt werden, aber dann war's doch die Leidenschaft für Handgearbeitetes. Cooler Typ, klassisches Handwerk – typisch Regensburg also.

Mut zu Farbe und Muster – Lilo weiß, wem was steht.

bewerkstelligen. Zugegeben, ein handgefertigter Hut ist nicht gerade billig, aber das Ergebnis des Herstellungsprozesses, der aus 60 bis 80 Arbeitsschritten besteht, ist nahezu unverwüstlich.

Schönster Flitzer Regensburgs

Jenseits der Steinernen Brücke, in Stadtamhof, treffen Sie Christoph Mandl von **Brenner Cycles** 🛍 höchstwahrscheinlich bei seiner Lieblingsbeschäftigung an: Er entwickelt Fahrräder. Nicht irgendwelche, sondern ein ganz besonderes und zunächst in einer limitierten Serie von nur 50 Exemplaren auf den Markt gebrachtes Bike, das er »Milan« taufte und stolz als »schönstes Fahrrad der Stadt« anpreist. Ich finde, er hat Recht! Es verbindet die positiven Eigenschaften eines Single-Speed-Rennrads (Eleganz und Einfachheit) mit Elementen, die den Fahrkomfort erhöhen: Bequemer Sitz, etwas höherer Porteur-Lenker, breitere Reifen und eine Zwei-Gang-Automatik. Ja und schön ist das edle Teil wirklich!

Alternativ behütet

Hüte spielen in Regensburg offensichtlich eine große Rolle, denn auch Lilo Kincaid hat sich darauf spezialisiert. Allerdings sind **Lilo's** 🛍 Hüte, Mützen und Stirnbänder deutlich flippiger als die des Traditionshauses König und sehr originell. Mut zum Hut sollte frau haben, wenn sie ihre Wahl bei Lilo trifft. Dafür kann sie sicher sein, ein Unikat zu besitzen, das sich dank der individuellen Beratung wirklich wie ein die Persönlichkeit betonender Rahmen um das Gesicht legt. Wenn Sie nicht so experimentierfreudig sind, finden Sie sicherlich an den bunten Mützen und Tüchern der Designerin Gefallen.

Die Namen zergehn auf der Zunge …

Ein paar Schritte weiter in Richtung Walhallabockerl stehen Sie vor einer der beliebtesten Konditoreien der Donaustadt. Die **Kuchenbar** ❸ ist winzig, aber oho! Einen Platz drinnen zu ergattern, kommt einem Lottogewinn gleich. Aber bei schönem Wetter sitzen Sie auf dem Freisitz mindestens ebenso gut, und die Riesen-Kuchenauswahl im Schaufenster ist auch von draußen bestens zu sehen. Was das Kuchenbar-Team da zusammenzaubert, ist legendär. ›Mississippi Mud Pie‹, ›Toskana-Torte‹ … alles baked in Regensburg.

Grüne Tische, lange Bänke – **Sprichwörtliches aus dem Alten Rathaus**

7

Geschichte mit Esprit erleben Sie bei einer Führung durch das Alte Rathaus, denn Regensburg hat nicht nur Historie geschrieben, sondern die deutsche Sprache um einige Redewendungen bereichert.

›Geld unters Volk werfen‹ tun die heutigen Stadtoberen allerdings nicht mehr. Vielmehr stecken sie es lieber selbst ein oder schustern es ihren jeweiligen Parteien zu, wie die Ereignisse um Regensburgs Oberbürgermeister Joachim Wolbergs (SPD) und den Alt-OB Hans Schaidinger (CSU) Anfang 2017 nahelegen. Im 14. Jh. war eher die oben genannte Methode, die Untertanen freudig zu stimmen, gang und gäbe. Wenn der König zu Gast war, warf er vom Erker des Gesellschaftshauses neben dem Ratssitz Münzen unters Volk.

Wenn der grüne Tisch im Alten Rathaus erzählen könnte …

Zu jeder Tageszeit und innen wie außen ein Genuss: das Café Lila.

Theorie und Praxis

Im 13. Jh. war Regensburg durch den Fernhandel eine der reichsten Städte Süddeutschlands. Über 15 000 Menschen lebten innerhalb der Mauern und dienten, je nach politischer Wetterlage, bis zu drei Herren: Bischof, Herzog und König bzw. Kaiser des Deutschen Reiches. Die Bürgerschaft lavierte geschickt im Dreieck und unterstützte mal diesen, mal jenen, bis sie sich im Streit zwischen Papst und Friedrich II. auf die Seite des Kaisers stellte. 1245 kam die Belohnung: Reichsfreiheit! Regensburg war nun ausschließlich dem König bzw. dem Kaiser verantwortlich. Flugs errichtete man das **Alte Rathaus 1**, aber nicht dort, wo sich der Bischofshof befand. Die Ratsherren machten ihre Unabhängigkeit glasklar und wählten den Haidplatz, der an das Kaufmannsviertel grenzte. 1320 erhielt das Rathaus mit dem **Gesellschaftshaus 2** einen Anbau mit zierlichen Maßwerkfenstern und einem 340 m² großen Festsaal im ersten Stock. Die 16 Mitglieder des Rates der Stadt tagten in der heute originalgetreu restaurierten Ratsstube. Hier steht auch jener berühmte ›grüne Tisch‹, an dem man seither sprichwörtlich Entscheidungen fällt, die sich erst noch in der Praxis bewähren müssen.

Der Unvollendete

Regensburg war zunächst eine unter vielen Städten, in denen der Kaiser seinen Reichstag abhielt, um mit den Ständen über wichtige Fragen zu beraten. Ab 1594 aber versammelten sich Fürsten, Kurfürsten und Vertreter der freien Reichsstädte nur noch in Regensburg, und 1663 gelang es den streitenden Parteien nicht mehr, den Reichstag mit einem ›Reichsabschied‹, einem abschließenden Beschluss, zu beenden. Von da an tagte der Reichstag ständig. Im Festsaal des Gesellschaftshauses waren die rot bespannten Bänke den Kurfürsten und die

V

VERHAN-DELN

Der Immerwährende Reichstag brachte einen neuen Berufsstand hervor, den des Gesandten, der im Namen seines Herrschers verhandelte. Denn weder Kaiser noch Kurfürsten konnten es sich erlauben, ihre politischen Geschäfte ruhen zu lassen, um am Reichstag teilzunehmen (denn auch bei ihnen ›war ein Stuhlbein schnell durchgesägt‹). Der Gesandte des Kaisers war traditionell ein Mitglied des Fürstengeschlechts Thurn und Taxis.

grün bespannten auf dem Podest den weltlichen und kirchlichen Reichsfürsten vorbehalten. Die Vertreter der freien Reichsstädte saßen auf den grünen Bänken im Parkett. Hier schoben die Delegierten des Reichstags die Dinge ›auf die lange Bank‹.

L LANGE BANK

Die Abgesandten mussten zum Teil so lange auf eine Entscheidung des Reichstags warten, dass sie darüber ihre in der Sitzbank verstauten Akten vergaßen.

Die ›kurze Bank‹ ist auch keine Lösung

Auf diese wollten einige der Regensburger Stadtoberen die Zukunft ihres Fußballclubs SSV Jahn Regensburg nicht schieben (und seine Pleite riskieren). Also gingen sie angeblich einen Handel mit Jahns Hauptsponsor, einem Regensburger Bauunternehmer, ein und schusterten ihm für seine Unterstützung ein begehrtes Baugrundstück zu. Dafür landeten die beiden Hauptakteure, OB und Baulöwe, zwar nicht in der Fragstatt, dem originalgetreu erhaltenen Kerker des Alten Rathauses, aber doch im Gefängnis. Und Regensburg hatte einen Riesenskandal.

ADRESSE/ÖFFNUNGSZEITEN

document Reichstag/Altes Rathaus
1: Rathausplatz 4, T 0941 507 34 40, www.regensburg.de, Führungen April–Okt. tgl. 9.30, 10, 10.30, 11, 11.30, 12, 13.30, 14, 14.30, 15 (engl.), 15.30, 16 Uhr, Nov.–6. Jan., März tgl. 10, 11.30, 13.30, 14 (engl.), 15, 15.30 Uhr, 7. Jan.–28. Febr. tgl. 10, 11.30, 13.30, 15 Uhr, Eintritt 7,50 €, Tickets gibt's in der Touristeninformation.

PRALINEN ODER LILA BURGER

Kleine Pause im Kaffeehaus, von dem die Reichstagsdeputierten exklusiv mit süßen Leckereien beliefert wurden? Die selbst gemachten Pralinen und das Gebäck des **Café Prinzess 1** jedenfalls sind wirklich prinzessinnenlike (Rathausplatz 2, T 0941 59 53 10, www.cafe-prinzess.de, Mo–Sa 9–18.30, So 10–18.30 Uhr).

Wenn ich Lust auf alternatives Flair habe, kehre ich ein paar Häuser weiter ins **Café Lila 2** ein (Rote-Hahnen-Gasse 2, T 0941 555 52, www.cafe-lila. de, So–Do 8–1, Fr, Sa 8–2 Uhr, Burger um 7 €). Laut, bunt und fast immer voll, wirkt es auf mich wie ein Querschnitt der Regensburger Szene. Auch hier sind die Kuchen köstlich, aber ich bestelle mir am liebsten einen Lila Burger.

Cityplan: Karte 2, E 4 | **Altstadtbus:** Altes Rathaus

 # 8

Italianità an der Donau – **vom Turmbau zu Regensburg**

Sind Ihnen beim Bummeln durch die Altstadt die vielen Türme aufgefallen? Manche sind in den schmalen Gassen auf den ersten Blick gar nicht zu sehen. Ich habe mich oft gefragt, was die Regensburger zu diesen architektonischen Höhenflügen veranlasst haben mag, und mich schließlich auf Spurensuche begeben.

Die Erklärung lag eigentlich nahe: Regensburg unterhielt intensive Handelsbeziehungen mit Italien, und jedes Mal, wenn Regensburger Kaufleute nach Bologna, Pisa oder Florenz kamen, waren sie beeindruckt von den Geschlechtertürmen ihrer Handelspartner. Warum nicht auch in Regensburg? Am Ende, man schrieb das 13. Jh., schmückten mindestens 60 Türme die Skyline der mittelalterlichen Donaumetropole.

Alt oder neu? Regensburgs ›Wolkenkratzer‹ geben Rätsel auf.

Turm und Drang

Vor dem Turmbau, der im 12. Jh. seinen Anfang nahm, muss man sich Regensburg als eine Stadt vorstellen, in der außer der Pfalz, dem Bischofshof und der Klöster vorrangig Holz- und Lehmhäuser die ungepflasterten Gassen säumten. Feuer wirkte in diesem Umfeld verheerend. Um das 11. Jh. errichteten deshalb wohlhabende Adelige und Fernhändler die ersten Häuser aus Stein. Sie richteten ihre Schmalseite zur Gasse und zogen sich nach hinten oft mit mehreren Innenhöfen tief in das Grundstück hinein. Ein typisches Beispiel für diese ersten, damals wegen ihrer bis zu vier Geschosse als ›Türme‹ wahrgenommenen Häuser ist das **Runtingerhaus** **1** an der Keplerstraße. Der ältere romanische Wohnturm bildet heute den östlichen Teil des Anwesens. Den westlichen mit dem Treppengiebel ließ die Kaufmannsfamilie Runtinger erst im 14. Jh. so ausbauen, als sie das Anwesen gekauft hatte. Die meisten der romanischen Turmhäuser besitzen im Erdgeschoss einen überwölbten Raum – Warenlager oder Hauskapelle? Die Historiker streiten.

Ein typisches Turmhaus ist auch das **Kepler-Wohnhaus** **2** (Nr. 2): Um 1250 errichtet, besteht es aus dem in Fachwerk und Holz ausgeführten niedrigeren Vorderhaus sowie dem höheren Steinturm dahinter. Eine ähnliche Aufteilung mit dem Turmbau im rückwärtigen Teil des Grundstücks findet sich an mehreren Kaufmannshäusern, während es bei einem Anwesen des Adels meist umgekehrt ist. Beispiel für Letzteres ist das **Haus Blauer Hecht** **3** (Nr. 7), Ende des 13. Jh. als Wohnburg erbaut. Warum der Turm mal so, mal so platziert wurde? Möglich, dass die Patrizier ihren ›einfachen‹ Mitkaufleuten die Aufstellung zur Straßenseite verwehrten.

Meiner ist höher

In einer von niedrigen Stein- und Holzhäusern geprägten Stadt drückten Türme Wohlstand und Wehrhaftigkeit aus. In den italienischen Städten mit ihren massiven Konflikten zwischen den einzelnen, häufig gewalttätigen Adels- und Kaufmannsgeschlechtern dienten die Geschlechtertürme der Verteidigung. Sie waren mit Zinnen bewehrt und besaßen Schießscharten. Gelebt hat man darin nicht. Regensburg hingegen war friedlich und so waren auch die ältesten Türme schon teils als Wohnhäuser ausgebaut. Auch die späteren gotischen Turm-

▶ **INFOS & LESESTOFF**

Wer sich für Regensburgs Geschichte, Architektur, für Anekdoten und Legenden interessiert, dem sei der **BAUER** ans Herz gelegt. Das über 1000 Seiten umfassende Werk mit dem schlichten Titel **Regensburg** des Lehrers und Heimatforschers Karl Bauer, das dessen Sohn 2014 in einer neu bearbeiteten Fassung vorlegte, ist einfach phänomenal (MZ Buchverlag im H.-Gietl-Verlag, www.gietl-verlag.de).

Früher ein Patrizierturm, heute ein Studentenwohnheim: der goldene Turm

Cityplan: E/F 4/5 | **Start:** Haltestelle Thundorfer Straße, Buslinien 1, 6, 11 u. a.

ADRESSE/ÖFFNUNGSZEITEN

Kunstkabinett Regensburg `5`: Untere Bachgasse 7, www.kunstkabinett.com, Di–Fr 10–18, Sa 10–14 Uhr.

DAMPFNUDELN ODER SIZILIANISCH?

Der **Dampfnudel Uli** zaubert unter dem Kreuzgratgewölbe einer ehemaligen Hauskapelle des **Baumburger Turms** `4` die angeblich besten Dampfnudeln Deutschlands (Am Watmarkt 4, T 0941 532 97, www.dampfnudel-uli.de, Mi–Fr 10.01–18.01, Sa 10.01–15.01 Uhr, Dampfnudeln ab 2,50 €). Außerdem gibt's auch deftige Regensburger Spezialitäten. Im **amore, vino & amici** `1` wird original sizilianisch mit Zutaten aus der Heimat von Davide d'Antoni gekocht (Hinter der Grieb 8, T 0941 93 08 15 25, http://e-amici.d, Di–So 11–23 Uhr, Pizza um 10 €, Hauptgericht um 16 €). Die moderne Einrichtung verleiht den historischen Räumen Frische und Leichtigkeit.

▶ INFOS & LESESTOFF

Wenn Sie's ganz genau wissen möchten: Das Bayerische Landesamt für Denkmalpflege stellt einen Denkmal-Atlas ins Netz, bei dem Sie per Mausklick zu jedem beliebigen Baudenkmal Infos abrufen können. Am besten Bayerischer Denkmal-Atlas googeln oder unter http://geoportal.bayern.de suchen.

bauten dienten offensichtlich weitaus mehr dem Bedürfnis zu repräsentieren, als sich zu verteidigen. Wie sonst wäre die Loggia im ersten Stock zu erklären, wie sie beispielhaft am 28 m hohen **Baumburger Turm** `4` erhalten ist? Ende des 13. Jh. entstand er für eine Patrizierfamilie. Die überwölbte Hauskapelle im Erdgeschoss können Sie besichtigen, wenn der **Dampfnudel Uli** (▶ oben) geöffnet hat. Die Räume darüber waren als Wohnräume unbrauchbar – sie besaßen keinen Kamin, ein Merkmal, das bei allen gotischen Patriziertürmen auffällt. Wahrscheinlich wurden auch hier Waren gelagert.

Bedingt wehrhaft

Im Areal von Wahlenstraße, Oberer und Unterer Bachgasse sowie Hinter der Grieb ist die Turmdichte besonders hoch. Markantester ist der 50 m hohe **Goldene Turm** `5`, um 1250 auf quadratischem Grundriss erbaut (Wahlenstr. 16). Er gehört zu einer Vierflügelanlage, die bis zur parallel verlaufenden Unteren Bachgasse reicht und in Teilen älter ist als der Turm selbst. In der Unteren Bachgasse 7 verbirgt sich im **Kunstkabinett Regensburg** eine spannende Kunstgalerie mit wechselnden Ausstellungen unter der gotischen Holzbalkendecke. Die Schauseite des Turms zur Wahlenstraße betonen gotische Maßwerksfenster. Die Anfang des 15. Jh. eingefügten Schießscharten stehen übrigens in einem Winkel zu der schmalen Straße, der sie völlig ungeeignet machte, um Angreifer abzuwehren. Den ursprünglichen Zinnenkranz – ebenfalls ein Symbol der Wehrhaftigkeit – überdeckt ein Walmdach. 1985 saniert, ist das Anwesen heute ein Studentenwohnheim.

Berühmtheit unter den Stadttürmen dank Dampfnudel Uli im Erdgeschoss – der Baumburger Turm.

Zahlreiche Veränderungen erfuhr auch das **Kastenmayerhaus** `6` mit seinem Turm (Nr. 24). Das Anwesen erstreckt sich über mehrere Höfe ebenfalls bis an die Untere Bachgasse. Die Bauformen reichen hier von Gotik über Barock bis Klassizismus, der Turm selbst aber blieb bis auf die zugemauerte Loggia weitgehend im Original.

Fünf auf einen Streich

Eine meiner Lieblingsgassen in Regensburg ist Hinter der Grieb: Eine kompaktere mittelalterliche Bebauung ist kaum vorstellbar. Außerdem lassen

Wetten, dass die Besucher nicht nur wegen der leckeren Dampfnudeln mit Vanillesoße kommen?

sich historisch-architektonische Neugier und kulinarischer Genuss wunderbar verbinden: Ich suche mir bei schönem Wetter einen Tisch im Innenhof des **amore, vino & amici** ❶, bestelle eine *zuppa di faggioli* und lasse die Umgebung auf mich wirken: Forschungen haben ergeben, dass der gesamte Komplex, der aus zwei nordsüdwärts ausgerichteten Anwesen mit mehreren Türmen besteht, auf eine im 12. Jh. bekannte Adelsfamilie zurückgeht, die ›In der Grub‹ hieß. Ausgehend von drei romanischen Steinhäusern wuchs in einem Zeitraum von 200 Jahren die heute sichtbare Bebauung mit fünf Türmen, mehreren Höfen, Wohn- und Lagerhäusern zusammen. Höhepunkt ist das **Gravenreutherhaus** ❼ mit gleich zwei zinnengekrönten Türmen, die den Innenhof des Regensburger In-Italieners bewachen. Übrigens sind auch dessen Räume interessant: Die Gäste dinieren unter uralten Holzbohlen oder den Kreuzgratgewölben der ehemaligen Hauskapelle.

Alles edel für den Adel

Der dreieckige Haidplatz war im Mittelalter Regensburgs wichtigster Platz. Hier standen die Anwesen der reichsten Patrizier wie die seltsam trapezförmige Arch (Nr. 3/4) und das einer Burg gleiche **Goldene Kreuz** ❽. Der Platz sah einst Feste und Turniere, an denen die höchsten deutschen und europäischen Würdenträger von ihren Apartments im Goldenen Kreuz aus teilhatten. Das im 13. Jh. erbaute (Ostteil mit Turm) und im 16. Jh. erweiterte Haus fungierte als Edelherberge.

Eines der berühmtesten Schäferstündchen der Geschichte fand 1546 im Goldenen Kreuz statt, nämlich das von Kaiser Karl V. mit der Bürgerlichen Barbara Blomberg, deren Spross Don Juan d'Austria als Relief das Anwesen schmückt. Der Kaiser ließ seinen unehelichen Sohn in Spanien erziehen. Als Sieger der Schlacht von Lepanto gegen die Türken ging Don Juan in die Geschichte ein.

→ UM DIE ECKE

Ein charakteristisches Beispiel für die Um- und Überbauten mittelalterlicher Architektur bietet das **Thon-Dittmer-Palais** ❾ am Haidplatz. Sein arkadengesäumter Innenhof dient heute als Veranstaltungsort für Sommerkonzerte. Die klassizistische Fassade, die es im 18./19. Jh. erhielt, lässt kaum vermuten, dass sich dahinter teils mittelalterliches Mauerwerk aus dem 13. Jh. verbirgt. Georg Friedrich Edler von Dittmer (1727–1811), einer der reichsten Kaufleute des damaligen Regensburg, hatte zwei Anwesen aufgekauft und umgestalten lassen. 1809 war das Palais fertig.

Wie viel Neues verträgt das Alte? – **Sanierung und Denkmalschutz**

Wenn die schmiedeeisernen Lampen die schmalen Gassen flackernd erhellen und Türme und Torbögen wie schwarze Schatten hervortreten, dann, ja dann fühlt man sich in Regensburg wirklich ins Mittelalter versetzt! Doch dass nicht alles alt ist, was flackert, sieht man an den LEDs in den historischen Vorbildern nachempfundenen Lampen. Das Moderne schlummert in Regensburgs Altstadt im Verborgenen …

… und ist deshalb nicht ganz leicht zu finden: Regensburg besitzt mit über 1300 Objekten den größten Bestand romanischer und gotischer Bauten nördlich der Alpen. Nicht zuletzt deshalb erhielt die Stadt den UNESCO-Welterbetitel. Wie ging und geht man stadtplanerisch mit einem solchen Schatz um? Soll bewahrt werden um jeden Preis? Darf die Moderne Einzug halten zwischen gotischen Wohntürmen? Ein Rundgang zu alten und neuen Bau-›Sünden‹

Und ewig strahlen die LED-Lampen: Die jahrelangen Sanierungsarbeiten an der Steinernen Brücke sind fast abgeschlossen – fast …

Und wenn's zu perfekt wird, kommen die Straßenkünstler …

R
RÄTSEL

Sehen Sie sich die Fassaden um den **Platz** [2] an. Könnte es sein, dass auch zeitgenössische Bauten darunter sind? Richtig! Der weiße **Wohnturm** am Scheugässchen 1, Sitz der Regensburger Volkshochschule, ist ein Kind der 1990er-Jahre. Damals galten bereits andere städtebauliche Vorgaben. Das Neue sollte sich möglichst originalgetreu dem Historischen angleichen.

von Barock bis Postmoderne, die vielleicht gar keine Sünden sind, sondern Ausdruck organischen Wachstums.

Barock ist angesagt

Wie zum Beispiel das **Alte Rathaus** [1] am Haidplatz, das Ergebnis einer zeitgemäßen stadtplanerischen Lösung, wie man sie im 18. Jh. bevorzugte. 1706 war der aus dem 14. Jh. stammende Marktturm neben dem gotischen Rathaus abgebrannt und so war an prominenter Stelle eine Baulücke zu schließen. Der Stadtrat entschloss sich zu einer Erweiterung des ohnehin zu beengten Alten Rathauses und ließ von 1721 bis 1723 den Ostbau im Stil des Barock errichten. Im Gegensatz zu heutigen denkmalpflegerischen Vorstellungen verschwendeten die Stadtväter damals keinen Gedanken daran, dem Neubau ein gotisches Gesicht zu geben, sondern setzten auf zeitgemäße Architektur mit Eckrisaliten und Giebel über den Portalen.

Licht und Luft willkommen

Wie man mit der Altstadtstruktur in den 1950er-Jahren umging, dokumentiert ein paar Schritte weiter ein **kleiner Platz** [2], den Baumhackergasse und Scheugässchen begrenzen – und die Hinterfront einer Hauszeile entlang der Keplerstraße, darunter das Keplersche Sterbehaus und der imposante Turm des Hauses Blauer Hecht. Allein die Tatsache, mitten in der Altstadt auf Bäume und einen Kinderspielplatz zu treffen, ist ungewöhnlich. Tatsächlich befand sich hier bis zur Sanierung 1958 ein Wirrwarr mittelalterlicher Hinterhäuser, das kennzeichnend war für das mittelalterliche Regensburg. Die Stadtplanungskommission demonstrierte an diesem Beispiel, wie sie sich die Sanierung in der gesamten Altstadt vorstellte: Repräsentative Patrizierbauten sollten erhalten, weniger wertvoller Bestand jedoch entkernt werden, um Licht und Luft in die Stadt zu lassen. Bis 1968 war dieses Konzept bei zwölf weiteren Anwesen des Stadtteils erfolgreich.

Die unendliche Geschichte

Die Keplerstraße entlang geht es zum jüngsten Sanierungsfall. Die **Steinerne Brücke** [3] (▸ S. 20) beschäftigte die Denkmalschutzbehörde ausgesprochen lange. Die Fertigstellung 2018 bedeutet nicht den Abschluss der Bauarbeiten – im Detail bleibt danach noch manches zu tun. Originaltreue lautete bei der Steinernen Brücke die Devise, zumindest soweit das mit modernen Erfordernissen zu vereinbaren war. Um Eindringen von Regenwasser in den empfindlichen Grünsandstein des Bauwerks zu verhindern, bestehen Belag und Brüstung aus Granitplatten. Und in den Lampen steckt, wie in der Altstadt, LED-Technik.

Auch der **Salzstadel** 4 daneben ist ein gutes Beispiel für eine originalgetreue Restaurierung. In dreijähriger Sanierung (1988–91) wurde die aus dem 17. Jh. stammende Substanz einschließlich der aus Holz erbauten Geschosse gerettet. Moderne Einbauten aus Glas und Metall setzen sich gegen die historische Struktur ab. Denkmalpflegerisch gelungen, aber schwer nutzbar stand der Salzstadel viele Jahre leer, bis 2011 das Welterbezentrum und die Tourist Information einzogen.

Ein Schuss Anarchie

Die **Wahlenstraße** 5 zählt mit ihren Wohntürmen zu den malerischsten Altstadtgassen, aber auch hier hatte der Denkmalschutz die Aufgabe, die Erfordernisse zeitgemäßen Wohnens und Arbeitens in Übereinstimmung zu bringen. Ein gutes Beispiel hierfür ist die Hausnummer 17, das gotische (mit dem dahinter anschließenden Haus Tändlergasse 18 verbundene) **Deggingerhaus.** Der Einbau einer Wendeltreppe und eine Glasüberdachung schloss geschickt und ästhetisch ansprechend die Innenhoflücke zwischen den beiden Anwesen. Heute erfüllt der **Degginger** mit Kneipe, Theater, Kleinkunst und Musik die historischen Räume.

Ambivalenz am Neupfarrplatz

Die Gassen um den **Neupfarrplatz** 6 präsentieren sich in negativer wie positiver Hinsicht als Beispiele für den Wandel der Stadt. Der Platz entstand ja im 16. Jh. durch die Zerstörung des jüdischen Gettos (▶ S. 36). In den 1960er- und 1970er-Jahren füllten den großen freien Raum in der Altstadt einige Neubauten wie jener des Kaufhofs, was der Gesamtwirkung nicht unbedingt guttat. Doch wenige Schritte nach Osten

A ALLROUNDER

Wenn Sie nicht wissen, wohin am Abend – hier ist fast immer etwas Spannendes los: Das 2016 eröffnete städtische Kulturzentrum **Degginger** ist eine echte Regensburger Erfolgsstory. Den Mittelpunkt bildet die gleichnamige Kneipe, die als Café, Restaurant, Kleinkunst- und Musikbühne, Müttertreff, literarischer Salon etc. fungiert (Wahlenstr. 17, T 0941 507 28 54, auf Facebook, Mo–Mi 11–1, Do–Sa 11–2 Uhr).

steht am **St. Kassiansplatz 3** **7** ein gelungenes Beispiel angepasst-zeitgenössischer Architektur: Das 2000 errichtete **Geschäftshaus** – wuchtig und verschlossen – erinnert an den Salzstadel und wirkt zugleich ungemein modern. Der Gestaltungsbeirat der Stadt Regensburg lobte den Entwurf, der »in zeitgemäßer Architektursprache Oberpfälzer Verschlossenheit, Selbstbewusstsein und mittelalterliche Trutzigkeit« ausstrahle.

2008 konnte der Wohnkomplex in der **Weißbräuhausgasse 1** **8** bezogen werden. Der aus dem

---

ADRESSEN/ÖFFNUNGSZEITEN

UNESCO-Welterbezentrum im Salzstadel **4** : Weiße-Lamm-Gasse 1, www.regensburg-welterbe.de, tgl. 10–19 Uhr, Eintritt frei

Industrie- und Handelskammer (IHK) **11** : D.-Martin-Luther-Str. 12, Römerhof, zu Bürozeiten geöffnet

SPEISEN IM GETREIDESPEICHER

Restaurant im Leeren Beutel **1** : Bertoldstr. 9, T 0941 589 97, www.leerer-beutel.de, Mo 18–22, Di–Sa 11.30–14, 18–22, So 11.30–14 Uhr, Vorspeise um 7 €, Hauptgericht um 18 €. Klassiker wie Kartoffelsuppe mit Steinpilzen oder Lammkeule auf Ratatouille.

Cityplan: E/F 4/5 | Start des Rundgangs: Kohlenmarkt, Altstadtbus-Haltestelle Altes Rathaus

Mittelalter stammende einsturzgefährdete Vorgängerbau war nicht mehr zu retten. Jetzt bilden drei Einzelhäuser ein U um einen kleinen Innenhof. Auch hier schaffen Oberpfälzer Architekturmerkmale wie der steile Giebel und das nicht vorkragende Dach die Verbindung zum geschichtlichen Umfeld. Und wenige Schritte weiter, Am Brixener Hof 2, fügt sich die postmoderne Fassade der **Neuen Synagoge** 9 spätestens ab 2019 in die historische Umgebung ein (▶ S. 38).

Noch mal Glück gehabt

Die breite Schneise der **D.-Martin-Luther-Straße** 10 durch die Altstadt ist ebenfalls das Ergebnis der Politik der 1950er- und 1960er-Jahre. Geplant waren weitere Transversalen, um das Zentrum verkehrstechnisch optimal zu erschließen – glücklicherweise blieb es bei der Planung. Das Gebäude der Regensburger **Industrie- und Handelskammer (IHK)** 11 unter der Hausnummer 12 erhielt 2005/06 einen modernen Erweiterungsbau. Spannend ist hier die Einbindung eines erhaltenen Teils der römischen Kastellmauer in das Neubauensemble. Metall, Glas und die luftige Architektur des ›Römerhof‹ genannten Servicecenters kontrastieren mit den wuchtigen ockerfarbenen Quadern des römischen Bollwerks und intensivieren dessen Wirkung.

Der gastronomische Abschluss dieser Tour könnte das **Restaurant im Leeren Beutel** 1 sein. Der um die Wende vom 16. zum 17. Jh. errichtete Getreidespeicher wurde Ende der 1970er-Jahre mit großem Aufwand saniert. Die Holzstruktur mit ihren massiven Pfeilern und Balken ist auch im Gastronomiebereich des Kunst- und Kulturzentrums sichtbar.

Vorbildlich saniert und gut genutzt – der Leere Beutel lagert heute Kunst statt Getreide.

→ UM DIE ECKE

Ein interessanter Bau blieb aus dem Rundweg leider ausgespart, weil er weit abseits der Route, im Westen der Stadt, liegt: Mit dem **Wohnturm am Herrenplatz** (Karte 1, C 3) lösten Blasch Architekten Anfang des 21. Jh. ein drängendes Altstadtproblem, nämlich eine vernünftige Wohnbebauung auf minimaler Grundfläche zu realisieren. Sie errichteten auf dem 55 m² kleinen Grundstück einen Wohnturm und schufen darin eine Wohnfläche von 122 m² auf vier Etagen.

10

Von Party zu Party – Regensburg macht die Nacht zum Tag

Zweithöchste Kneipendichte Deutschlands, wahlweise 540, 400 oder auch nur 229 Gastronomiebetriebe allein im Altstadtbereich … Regensburg punktet nicht nur mit Welterbe, sondern auch mit seiner Lokalszene! Den Leuten, die abends ausgehen wollen, ist es sicherlich egal, welche Zahl nun stimmt – Stil und Stimmung müssen passen.

Die Alte Mälzerei lädt gerne Gäste ein, wie hier die katalanische Band Manel.

Da geht's schon los: Zählen Sie eher zu den Biertrinkern, die gerne mit Freunden diskutieren und gelegentlich eine Billardkugel übers grüne Filz schieben? Oder sind Sie Weinkenner mit Hang zu elegant-schickem Ambiente und feiner Auswahl an Fingerfood? Soll's alternativ sein, möglichst mit ein paar veganen Gerichten und Getränken auf der schwarzen Schiefertafel – und Superfood? Drinks wären nicht schlecht, fachmännisch gemixt und zu loungiger Musik kredenzt? Und was danach: Indie, Hip-Hop, Elektro, irisch oder Soul? Hier die wichtigsten Protagonisten der Regensburger Nachtszene, subjektiv ausgewählt, versteht sich.

Manch einem Anwohner des Bismarckplatzes ist der abendliche Rummel zu viel.

Von Wiese bis Wohnzimmer

An warmen Sommerabenden verwandelt sich der **Bismarckplatz** 1 in eine einzige, große Picknickfläche. Die Leute bringen Essen und Trinken mit und feiern in der Parkanlage. Oder aber sie lassen sich auf den Logenplätzen der umliegenden Lokale, so der **Neuen Filmbühne** 2, nieder. Die Neue Filmbühne wäre auch eine Empfehlung für den Einstieg in die Nacht, wenn Sie den Barhocker oder Stuhl dem Rasenplatz vorziehen. Hinter der Bar füllen die harten Sachen die Regale und ein Zwitter aus Mao und Mona Lisa des Grafikers Roman Cieslewicz lächelt vom Plakat (das Körbchen mit – angeblich – Vergessenem muss man aber schon selbst entdecken).

Ähnlich leger, aber deutlich schicker ist die Atmosphäre im **Mood** 3 im Herzen der Altstadt. Die Plätze draußen sind schnell besetzt, denn nur wenige Lokale servieren Cocktails und Shots zu einer so fantastischen Kulisse mit Donau und Steinerner Brücke. Ein paar Schritte weiter geht es zünftiger zu – Guiness und Livebands sorgen im **Irish Harp** 4 dafür, dass sich die Besucher wie in einem Pub auf der Grünen Insel fühlen.

Kreativität erwartet das **Mono** 5 im Kneipeneck' an der Rote-Hahnen-Gasse von seinen Gästen. Hier wirkt alles improvisiert, ständig ändern die Betreiber dieses oder jenes Einrichtungsteil und Gäste sind aufgefordert mitzumachen. Dazu strömen alternative Sounds aus den Boxen. Das **Vinyl** 6 gleich nebenan ist eigentlich ein Wohnzimmer für Plattenliebhaber; auf den Teller kommt nur, der Name sagt's: Vinyl, und zwar vorrangig Soul und Funk. Und noch eine Tür weiter gibt es dann im **Café Lila** 7 weder Anspruch noch Corporate Identity, sondern einfach entspannte Atmosphäre.

Ob Josef Neustifters Skulptur "Die Band" vorm Theater Regensburg die Besucher oder die Studenten am Bismarckplatz unterhalten will, ist eigentlich nicht so wichtig – lustig anzusehen sind die drei allemal.

Beste Bühnen

Bekannteste Adresse für Konzerte ist die **Alte Mälzerei** 8, die von Mundart-Pop über Metal

Konzert mit Kunstobjekt im Degginger.

und Punk bis Rhythm 'n' Blues und Jazz so gut wie jeden Musikstil pflegt. Für alle ist etwas dabei, neben Konzerten auch Kleinkunst, Kabarett, Theater und Lesungen. Konkurrenz hat die ›Mälze‹ durch das **Degginger** ✴ (▶ S. 53) bekommen, aber wirklich nur eine klitzekleine.

Für Livegigs von Indie-Bands und einen intimeren Rahmen steuern Sie am besten die **Heimat** ⑩ an. Ein-, zweimal die Woche spielen in ihr Newcomer aber auch Senkrechtstarter wie ›Von Wegen Lisbeth‹. Auch ohne Band eine Bar mit angenehmer Stimmung und (an den Wochenenden) dem vielleicht besten Barmann Regensburgs, Matthäus Sledziecki, hinter dem Tresen.

Passage oder Garage?

An einigen Orten verdichtet sich das Feierwesen. Einer ist die Pustetpassage zwischen Gesandtenstraße und Rote-Hahnen-Gasse. Beginnen wir am Zugang von der Rote-Hahnen-Gasse: Erste Kneipe links ist das **Olle Gaffel** ⑪, Bastion der Kölschtrinker in Regensburg. Schräg gegenüber die **Palletti Bar** ⑫ (▶ S. 40). Sehen und Gesehenwerden steht in unsichtbaren Lettern darüber, aber damit der Durchblick nicht ganz so einfach ist, hat man die großen Glasfenster mit einem zarten Wellenmuster verziert. Dahinter feiert man eher schick in den Abend. Deutlich später trudeln die Gäste der Diskothek **Scala** ⑬ ein, die sich kürzlich ein Facelifting verordnet, aber nicht auf ihre seit 1985 bewährten Markenzeichen verzichtet hat: den lasziven Faun am Entrée, die italisierten Säulen und den Scala-Stern über der Tanzfläche. Fürs Farbenspiel sorgt topmoderne LED-Beleuchtung. Und die Musik? Elektro, Techno, House, aber auch Hits der 1980er. Die Bar **Freunde der italienischen Oper** ⑭ gegenüber, kurz ›Oper‹ genannt, sieht mit ihren schweren Chesterfield-Sofas tagsüber aus wie ein Möbelgeschäft, verwandelt sich aber ab 19 Uhr in eine todschicke Location, die DJs mit Elektro und House beschallen.

Die **Parkgarage** ⑮ am Petersweg ist Anlaufpunkt der Nachtschwärmer mit hohem Szenefaktor. Zwischen drei und vier Clubs – man zieht mal hier-, mal dorthin – teilen sich die Gewölbe unter den parkenden Karossen und bedienen unterschiedlichen Musikgeschmack. Als eher konven-

ÜBRIGENS

Mit einem ambitionierten Jazz-Weekend Anfang Juli ist Regensburg in der Jazzszene eine feste Größe. Anlaufpunkt Nummer eins ist der **Jazzclub Regensburg im Leeren Beutel** ⑯, in dem Musiker aller Stile und Strömungen live auftreten (Bertoldstr. 9, www.jazzclub-regensburg.de).

tionell darf man den **Beats Club** bezeichnen, ein klassischer Club für Schüler und junge Studenten. Die Tür der **Suite 15,** die mit ihrem Musikprogramm dem Techno-Mainstream huldigt, siebt immer mal wieder recht streng. Ungewöhnlichere Techno-Events erleben die Partygänger nebenan im **Club Schimmerlos,** Regensburgs Antwort auf das Berliner Berghain. Die bekanntesten DJs für Elektro und Trance bearbeiten die Plattenteller zwischen unverputzten Backsteinwänden.

Aber um vier ist Schluss – Regensburgs Sperrstundenregelung ist nicht gerade partyfreundlich.

ADRESSEN/ÖFFNUNGSZEITEN

Neue Filmbühne 2: Bismarckplatz 9, So–Do 10–1, Fr, Sa bis 2 Uhr

Mood 3: Am Wiedfang 2, T 0151 58 55 98 94, www.mood-regensburg.de, Mo, Mi 19–1, Di, Do–Sa 19–02 Uhr

Irish Harp 4: Brückstr. 1, T 0941 572 68, auf Facebook, Mo–Do 18–1, Fr, Sa 16–2, So 16–1 Uhr

Mono 5: Rote-Hahnen-Gasse 2, T 0941 59 99 87 24, www.mono-regensburg.de, tgl. 12–2 Uhr

Vinyl 6: Rote-Hahnen-Gasse 4, T 0177 852 38 55, auf Facebook, Mi–Mo 20–4 Uhr

Café Lila 7: Rote-Hahnen-Gasse 2, So–Do 8–1, Fr, Sa 8–2 Uhr, ▶ S. 45

Alte Mälzerei 8: Galgenbergstr. 20, T 0941 78 88 10, www.alte-maelzerei.de, ▶ auch S. 108

Degginger 9: Wahlenstr. 17, Mo–Mi 11–1, Do–Sa 11–2 Uhr, ▶ S. 53

Heimat 10: Am Römling 9, T 0941 29 06 38 81, www.heimat-regensburg.de, tgl. 20–2 Uhr

Olle Gaffel 11: Gesandtenstr. 8, T 0941 56 55 84, auf Facebook, Mo–Sa 19–1, So 11–1 Uhr

Palletti Bar 12: Gesandtenstr. 6, T 0941 515 93, www.palletti-bar.de, Mo–Sa 8–2, So 13–2 Uhr

Scala 13: Gesandtenstr. 6 (Pustetpassage), T 0941 522 93, www.scalaclub.de, Mi 20–3, So 23–3, Fr, Sa 23–4 Uhr

Freunde der ital. Oper 14: Gesandtenstr. 8, auf Facebook, Mi–Sa 19–2 Uhr

Parkgarage 15: St.-Peters-Weg 15

– **Beats Club:** auf Facebook, Do–Sa 23–4 Uhr

– **Suite 15:** T 0941 56 95 58 10, www.suite15.de, Di–Sa ab 22 Uhr

– **Club Schimmerlos:** T 0941 56 95 58 10, auf Facebook, Fr, Sa 23–5 Uhr

Jazzcl. i. Leeren Beutel 16: ▶ S. 108

Cityplan: D–G 4/5 | **Start:** Altstadtbus-Haltestelle Bismarckplatz

Mittelalterliche Fake News – **ein Besuch in St. Emmeram**

Die Geschichte der Abtei St. Emmeram beginnt mit einem Mord und setzt sich als mittelalterlicher Machtkampf um Privilegien fort. Dabei werden Reliquien geklaut, Dokumente gefälscht und Päpste ausgetrickst. Wie, beleuchtet folgender Rundgang.

Dass St. Emmerams Klostergeschichte zahlreiche Elemente eines spannenden Mittelalterkrimis birgt, hat der Historiker Martin Weindl in einem sehr vergnüglichen Beitrag des Bildbandes »Regensburg. Metropole im Mittelalter« (▶ S. 63) dargelegt. Folgen wir seiner Story.

Foltermord und Klostergründung

Die Romanik muss man akribisch suchen! Die Brüder Asam haben mit barocken Fresken und Stuck ganze Arbeit geleistet in St. Emmeram.

Wir schreiben das 7. Jh. Das Christentum ist ein zarter Schößling im Bayernland, da kommt der Wanderbischof Emmeram an den Hof des Agilofingers

Theodo I. und will bekehren. Doch der Sohn des Herzogs zeiht den Prediger des sündigen Umgangs mit seiner plötzlich schwangeren Schwester und lässt ihn um 685 zu Tode martern. Nachdem es daraufhin 40 Tage ununterbrochen regnet, so die Legende, erkennt der Herzog den Fehler und ordnet Emmerams Beisetzung unweit seiner Pfalz an. Bald lassen sich Klosterbrüder am Grab des Wanderpredigers nieder, und 739, knapp 50 Jahre nach dessen Tod, spricht der Papst Emmeram heilig.

Das 9. und 10. Jh. sehen Kloster St. Emmeram wachsen, geistige Bedeutung wie politischer Einfluss nehmen zu. Kostbare Handschriften sind ein Markenzeichen der frommen Brüder und der Posten des Abts und des Bischofs sind noch in einer Hand. 975 trennt Bischof Wolfgang das politisch ausgerichtete Bischofsamt von dem des glaubenslastigen Klostervorsitzes. Auf einen Schlag verliert der Konvent seinen weltlichen Einfluss. Von da an wird alles daran gesetzt, ihn wiederzuerlangen.

Der wiedergefundene Heilige

Beginnen wir am **St. Emmeramsplatz.** Seine Südseite säumt ein verwirrendes Konglomerat an Bauten: ein frei stehender romanischer **Glockenturm 1**, der im 16. Jh. eine Renaissancehülle und -turmkappe erhielt. Davor, ihn halb verdeckend, der 1890 errichtete Pfarrhof. Und an diesen anschließend eine gotische **Torwand 2** mit zwei Portalen, die durch einen von Bäumen beschatteten **Innenhof 3** auf kreuzgratüberspannte **Gewölbe 4** vor dem Eingang der Basilika St. Emmeram zuführen.

Reliquien-Fake

Zwei überwölbte Nischen rahmen die beiden Portale zur Basilika ein. Neben und zwischen den Toren sind romanische Hochreliefs von Christus und der beiden Heiligen St. Emmeram (links) und St. Dionysus (rechts) angebracht, letzteres das Ergebnis einer raffinierten Heiligen-Scharade: 1049 nämlich ›entdeckten‹ die Mönche bei Bauarbeiten im Kloster Knochen und eine Tontafel, die die Gebeine als Überreste des hl. Dionysus auswies (eigentlich im Besitz des französischen Konvents St. Denis). Zufällig fanden sich zeitgleich in der Klosterbibliothek ›Dokumente‹, nach denen Kaiser Arnulf die Reliquien in Frankreich entwendet und

R
RACHE

Der **Innenhof 3** zwischen Torwand und Basilika ist das Ergebnis des Machtkampfs zwischen Regensburgs Bischof Albert I. und dem staufischen Kaiserhaus: 1250 ordnete der Bischof an, den im Kloster St. Emmeram weilenden Sohn Kaiser Friedrichs II., König Konrad IV., zu ermorden. Der Anschlag misslang und Konrad rächte sich mit dem Abriss einiger Klostergebäude, wahrscheinlich auch der zwischen Torwand und Basilika gelegenen Vorhalle.

persönlich St. Emmeram übergeben habe. Weitere Schriften zur Echtheit tauchten auf, die Mönche fälschten sogar päpstliche Urkunden. Schließlich erhielt der französische Nationalheilige ein ›Grab‹ in der Regensburger Basilika und ein Relief am Portal. Den falschen Reliquien zu Ehren wurde sogar das **Westquerhaus** `5` errichtet.

Fälscher-Know-how

Trotz der Aufwertung seiner Bedeutung durch den geborgten Heiligen kämpfte Kloster St. Emmeram vor allem um Unabhängigkeit von der Diözese. Und so legte der Abt im 13. Jh. dem Regensburger Bischof eine (im Kloster meisterhaft vorbereitete) Urkunde vor, der zufolge der Papst dem Kloster bereits im 11. Jh. die Reichsunmittelbarkeit verliehen habe, es also nur dem Kaiser und dem Heiligen Vater unterstellt sei. Dank dieser Fälschung hatte das Bistum nichts mehr zu melden. Und nachdem der Fake gut funktioniert hatte, nutzte der Konvent auch in den folgenden Jahrhunderten seine heimliche Fälscherwerkstatt und alternative Fakten immer wieder als Notbremse, wenn die Diözese oder das jeweilige Herrscherhaus zu mächtig wurden.

Falsche Königin, echter Heiliger

Als St. Emmeram im 17./18. Jh. dank seiner Bibliothek und Forschungstätigkeit eine zweite Blüte erlebte, beauftragte der Abt die Brüder **Cosmas Damian** und **Egid Quirin Asam,** das romanische, in Teilen sogar präromanische Bauwerk im Stil der Zeit umzugestalten. Sie verwandelten den Innenraum in ein Reich des jubilierenden Barock, doch auch hier finden wir Spuren meisterlicher Manipulation: Die senkrecht eingemauerte **Grabplatte** `6`, ein Ende des 13. Jh. entstandenes Epitaph, zeigt die 876 verstorbene Königin Hemma, Ehefrau des Königs Ludwig des Deutschen. Es spiegelt vor, die Karolinger hätten St. Emmeram die Ehre erwiesen, es als Grablege zu nutzen – was sie nie getan hatten.

Heiligen-Verwirrung

Und wo sind nun die berühmten Reliquien? Der falsche hl. Dionysus wird im silbernen Schrein unter dem Hauptaltar aufbewahrt, der als Meisterwerk der Goldschmiedekunst des 15. Jh. gilt. Zu den echten Gebeinen des hl. Emmeram steigen Sie die Treppen hinunter zur **Ringkrypta** `7`, die

Der architektonische Höhepunkt von St. Emmeram, der wunderbare romanisch-gotische Kreuzgang `9`, *steht leider nur Besuchern offen, die ein Ticket für die Besichtigung des Schlosses Thurn und Taxis (▸ S. 78) erworben haben. Er bildet den Abschluss der Führung durch die Gemächer der Fürstenfamilie.*

weit zurück in die Geschichte des Gotteshauses führt: Im 8. Jh. wurde sie als überwölbter Gang um das Grab des Heiligen angelegt. Die Fragmente karolingischer Flechtbandornamente an ihren Wänden sind noch erhalten.

In der romanischen **Krypta des Westquerhauses** 5, das ja zu Ehren des hl. Dionysus errichtet wurde, ruhen indes die Reliquien des hl. Wolfgang. Denn weder mit dem Kult um St. Emmeram noch um den überraschend im Kloster ›aufgefundenen‹ St. Dionysus konnten die Gläubigen viel anfangen. Flugs musste ein neuer Heiliger her. Als Papst Leo IX. 1052 den Bau weihte, erhob er dabei den 994 verstorbenen Regensburger Bischof Wolfgang zum Heiligen. Mit mäßigem Erfolg. Das Volk nahm dem Kloster die echten und unechten Heiligen nicht mehr ab.

Darf ich zum Abschluss noch meinen Lieblingsort verraten? Es ist die **Magdalenenkapelle** 8, eine kleine, romanische Kostbarkeit mit halbrunden Wandnischen, schlichten Würfelkapitellen und im 12. Jh. aufgetragenen Fresken – garantiert echt!

▶ **INFOS & LESESTOFF**

Der Bildband **Regensburg. Metropole im Mittelalter** erzählt in Bild und Text spannende und kuriose Geschichten aus dem mittelalterlichen ›New York‹ (Peter Brielmaier und Uwe Moosburger, Hrsg. Peter Morsbach, Verlag Friedrich Pustet, Regensburg 2016).

INFOS/ÖFFNUNGSZEITEN
Abtei St. Emmeram: Emmeramsplatz 3, www.st-emmeram-regensburg.de, Mo–Do 10–16, Fr, So 12–16, Sa 9–16, im Sommer 9–18, Sa 9–17 Uhr, Eintritt frei

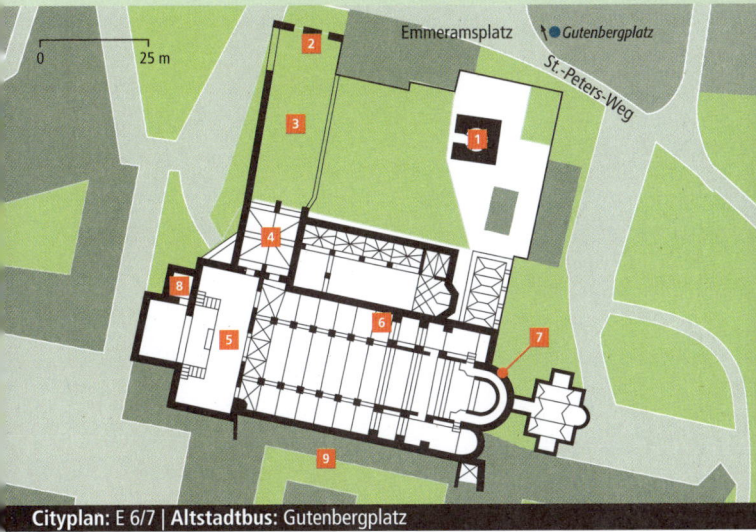

Cityplan: E 6/7 | **Altstadtbus:** Gutenbergplatz

Altstadt alternativ –
das Obermünsterviertel

»Ich wohne im Regensburger Obermünsterviertel, eines der letzten innerstädtischen Viertel, die noch wahnsinnig hässlich sind. Eine durchaus wohltuende Hässlichkeit, wenn man täglich mit dem Wahnsinn des Weltkulturerbes konfrontiert ist. Die Regensburger Innenstadt ist eine gepflegte Schmuckschachtel, das Obermünsterviertel eher so die Krusch-Kiste.«

Pflanzen, Ernten, Ratschen oder einfach gar nichts tun: die Grüne Oase.

Durch diesen Eintrag in einem Tumblr-Blog wurde ich auf das Obermünsterviertel aufmerksam. Ich hatte das Viertel bislang links liegen gelassen, weil ich dachte, dass sich wohl kaum ein Leser für Döner-Buden, Thai-Imbisse, Tattoo-Studios oder Getränkemärkte interessiert. Aber dann erzählte ich einer Regensburger Freundin von diesem Eintrag, und sie berichtete mir von der ›Grünen Oase‹, von einer ›WechselWelt‹ und überhaupt von den vielen kleinen alternativen Blüten im Viertel. Das klang spannend.

Was heißt denn hier Glasscherbenviertel?

Historisch ist das Obermünsterviertel geprägt von den bereits im 9. und 10. Jh. gegründeten Klöstern Ober- und Mittelmünster, die den gesamten Bereich zwischen Obermünsterstraße (Norden), Obere Bachgasse (Westen) und Fröhliche-Türken-Straße (Osten) und dem Petersweg (Süden) einnahmen. Kloster Mittelmünster fiel bereits 1809 einem Brand zum Opfer, Obermünster wurde durch Bombardements im Zweiten Weltkrieg schwer getroffen – zurück blieb ein von Ruinen und Provisorien gezeichneter Stadtteil, dessen niedrige Mieten sozial Schwache, Zuwanderer und junge Menschen gleichermaßen anzogen. Auch die Renovierung und der Ausbau vom Kloster Obermünster zum **Diözesanzentrum** `1` änderte daran nichts – die herrschaftlichen Gebäude am Obermünsterplatz wirken wie ein Fremdkörper in diesem lange Zeit so bezeichneten ›Glasscherbenviertel‹.

Graffitikünstler willkommen! Im Obermünsterviertel gedeiht so manches alternative Pflänzchen. Wie lange noch?

Schöner parken … und feiern

Passend war das etwas heruntergekommene Ambiente nicht nur für Leute, die sich keine teuren Mieten leisten konnten, sondern auch für die Bar- und Clubszene, die in verschiedenen Locations und unter diversen Namen – Suzie Wong, Club 0941, Gloria – im Obermünsterviertel feierte, ohne allzu großen Ärger wegen Lärmbelästigung befürchten zu müssen. Doch 2011 fiel schließlich der renovierungseifrige Blick der Stadt auf die alternative Brache am Südrand der Altstadt. Ein Sanierungsplan wurde verabschiedet. Zum Glück für unser kleines Biotop wurden schließlich Verschönerungsmaßnahmen der von Touristen frequentierten Sektoren der Altstadt vorgezogen. So darf das Obermünsterviertel bis 2019 noch ein bisschen schäbig bleiben.

Eine tief greifende Änderung kam aber doch: das **Parkhaus am St.-Peters-Weg** `2`. In mehrjähriger Bauzeit an Stelle eines hässlichen Betonklot-

▶ INFO

Ärgern Sie sich nicht, sollte das eine oder andere plötzlich nicht mehr auffindbar sein. Ständig kommen neue Läden, Imbisse und Lokale dazu und ab und an verschwinden alte. Die Obermünsterstraße und die von ihr abgehenden Gässchen sind der ideale Ort für eine Entdeckungsreise.

ADRESSEN/ÖFFNUNGSZEITEN

Transition Regensburg/WechselWelt
3: Steckgasse 6, www.transition-regens
burg.de, Mo 16–19, Mi 17–19, Fr 13–16,
Sa 14–16 Uhr

Füllgut – die Mehrwegerei :
Obere Bachgasse 18, T 0941 78 84 90
80, www.fuellgut-regensburg.de, Mo–Fr
10–20, Sa 10–14 Uhr

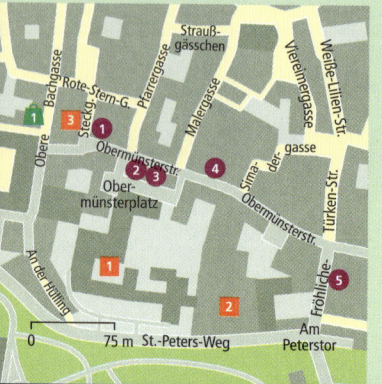

EINKEHR MULTIKULTI

Hexerei ❶: Obermünsterstr. 3, T 0941
63 08 45 40, www.caroline-gmachl.at,
Di–Fr 10–17, Sa 10–16 Uhr
Jerusalem ❷: Obermünsterplatz 1,
T 0941 46 18 28 25, Di–So 11.30–
14.30, So–Sa 17.30–22.30 Uhr
Le's Cuisine ❸: Obermünsterplatz 2,
T 0941 20 91 16 80, www.les-cuisine.
com, Mo–Mi 11–22, Do–Sa 11–23 Uhr
Guacamole ❹: Obermünsterstr. 11,
T 0941 20 90 87 00, tgl. 11–21 Uhr
Die Couch ❺: Fröhliche-Türken-Str. 9,
T 0941 59 99 56 84, auf Facebook,
tgl. 10–2 Uhr

Cityplan: E/F 5/6 | **Altstadtbus:** Am Königshof oder alle Linien zum Ernst-Reuter-
Platz (etwa zehn)

zes als mit Naturstein elegant verkleideter Auto-
bunker errichtet, birgt es einen Unterbau, in dem
Regensburgs heißeste Diskotheken, gleich drei an
der Zahl, die Luft zum Flirren bringen (▶ S. 58).
Kein Ton dringt nach draußen – umso lauter sind
die in langen Schlangen anstehenden, nach Uri-
niermöglichkeiten suchend durchs Viertel irren-
den oder einfach nur alkoholisiert auf dem Heim-
weg befindlichen Besucher.

M
MEHRWEG

Bevor Sie auf der
Obermünsterstraße ku-
linarisch einmal um die
Welt bummeln, empfehle
ich einen Abstecher in
die Obere Bachgasse zu
Füllgut – die Mehr-
wegerei 🅸. Nachhaltig
einkaufen bedeutet hier,
Verpackung zu sparen.
Die Lebensmittel sind
in kompostierbare oder
wiederverwendbare Ver-
packung abgefüllt oder
werden offen verkauft.

Not lost in Transition

Die alteingesessenen Bewohner finden das nicht
lustig und auch einige neu Zugezogene – die
Gentrifizierung des Obermünsters ist natürlich
im immobilienboomenden Regensburg nicht
aufzuhalten – packten schnell wieder die Kof-
fer. Andere wiederum sorgten dafür, dass das
Viertel lebens- und liebenswert bleibt: **Transi-**
tion Regensburg beispielsweise, an deren Laden
Ecke Obermünsterstraße und Steckgasse ein
Halt nicht nur deshalb empfehlenswert ist, weil
man darin Dinge wechseln bzw. tauschen kann,
daher **WechselWelt** **3**, sondern weil hier in der
warmen Jahreszeit die ›Terrasse für alle‹ urbane

Gärtner, Foodsharer oder einfach nur kaffeetrinkende Obermünsteraner und Besucher miteinander in Kontakt bringt. Begonnen hat alles mit ›Kleidertauschpartys‹ im Kulturzentrum W1 (▶ S. 4). Inzwischen wechseln nicht nur Waren den Besitzer, sondern es gibt auch Initiativen wie Repair-, Strickcafé oder Upcycling. Wie lange dieses Projekt Bestand haben wird, ist ungewiss, denn die Genehmigung wird von Jahr zu Jahr erteilt. Aber auch die zuständige Behörde bei der Stadt findet die ›Grüne Oase‹, so der offizielle Name, klasse. Vor allem, da es im Viertel an Grün mangelt. Oben zitierte(r) Blogger(in) zählt im Quartier, dessen Grenzen er/sie großzügig auslegt, einen großen und 22 ›Mickerbäume‹. Der große, ›Heiner‹, steht bei der Grünen Oase.

In Regensburg muss man verflucht gut auf sein Fahrrad aufpassen, egal ob alt oder neu, billig oder teuer. Schließlich kommt es öfter vor, dass es sich, schlecht festgekettet, in der Nacht auf und davon macht …

Eine Straße, viele Nationen

Wie multikulti das Obermünsterviertel ist, lassen schon die Schilder von Restaurants und Imbissbuden erkennen. Hier ein paar Tipps: Der Oase gegenüber reisen Sie auf der Obermünsterstraße zunächst nach Felix Austria: Caroline Gmachls kocht in der **Hexerei** ❶ mittags Suppe und Hauptspeisen in bester österreichischer Tradition. Für einen Hauch Orient sorgt Ecke Obermünsterplatz der Palästinenser Aburarar Fady mit seinem Imbiss **Jerusalem** ❷, dessen Falafel Regensburger Connaisseurs schwärmen lassen. Ein paar Schritte weiter verführt **Le's Cuisine** ❸ zu einem Abstecher nach Südvietnam. Frische Kräuter und feine Reispapierrollen mit unterschiedlichen Füllungen sind Phong Le Hongs Spezialität. Schräg gegenüber können Sie sich im **Guacamole** ❹ ihre Burritos und Tacos selbst zusammenstellen. Chef Alex Desentis kommt aus Mexiko, das Essen ist also wirklich ›original‹.

→ UM DIE ECKE

Müde Beine? Um die Ecke, in der Fröhliche-Türken-Straße, wartet noch so ein Obermünster Original, **Die Couch** ❺. Eine Tages- und Abendbar, eingerichtet mit einem urgemütlich-nostalgischen Sammelsurium von Möbeln, die der Opa oder der Sperrmüll beigesteuert haben, und in der man sowohl zum Frühstück als auch auf einen fein gerösteten Kaffee oder abends auf ein Bier einkehrt. Manchmal mit Livemusik.

Sollte Ihnen doch eher der Sinn nach etwas Deftig-bayerischem stehen, dann gibt's gleich ums Eck am Neupfarrplatz die Knackersemmeln mit allem – eine Regensburger Spezialität!

Regensburger Ost-Connection – **Kunstforum Ostdeutsche Galerie**

Die vier schief stehenden knallroten Säulen unter dem klassisch-weißen Portikus machen neugierig. Was ist die Aufgabe einer Kunstforum Galerie für ostdeutsche Kunst? Was ist mit ostdeutsch gemeint? Präsentierte sie Werke aus der ehemaligen DDR? Weit gefehlt!

Neugierig und durch den Begriff ostdeutsch irritiert war auch Ulrike Lorenz, als sie das Museum 2003 erstmals besichtigte und nach dem gemeinsamen Nenner der ausgestellten Werke suchte. 2005 formuliert Lorenz in ihrer damaligen Funktion als Direktorin des Kunstforums den Anspruch der Sammlung und der hinter ihr stehenden Stiftung im Vorwort zum Museumskatalog folgendermaßen: »Kernaufgabe ist, das künstlerische Erbe und die fortwirkende kreative Substanz des historischen deutschen Ostens zu sichten, zu bewahren und für

Auch Lovis Corinths »Drei Grazien« tanzen durch die Galerieräume.

das Europa von heute und morgen fruchtbar zu machen.« Um den historischen deutschen Osten – gemeint sind Böhmen, Mähren, Schlesien, Ost- und Westpreußen – kreist die Ausstellung mit Werken von Künstlern, die aus diesen Regionen stammen oder sich thematisch mit ihnen auseinandersetzen. So kommt auch der New Yorker Dan Flavin mit einer Lichtinstallation nach Regensburg – gewidmet ist sie dem aus Pommern stammenden und 1943 im KZ Lublin-Majdanek ermordeten Otto Freundlich, dem Wegbereiter der Abstrakten Malerei.

Außen ein bisschen schief, innen umso geradliniger und sehr vielseitig: die Ostdeutsche Galerie.

Wenn Wandfarbe und Bilder miteinander sprechen

Der erste Eindruck ist verblüffend: Anstelle von kühlem Weiß oder Grau empfangen die 15 Themenräume Besucher mit jeweils eigenem, intensiv leuchtendem Farbton. Ungewöhnlich, aber anregend! Die Befürchtung, Pink, Rot oder Meergrün könnte die Wirkung der Exponate schmälern, verflüchtigt sich sofort beim Eintreten. Grob einer Chronologie von Romantik bis zur Gegenwartskunst folgend, stellen die einzelnen Abteilungen Fragen, postulieren Zusammenhänge: Vom »Land in den Lüften« ist die Rede, wo Seelenlandschaften wie das windgepeitschte Rügen (Friedrich Preller d. Ä., geb. in Eisenach, 1806–78) auf Ludwig Kohls (1746–1821) idealisierte Vedute vom heimatlichen Prager Dom trifft und wo der Königsberger Carl Wilhelm Hübner (1814–79) im »Abschied des Auswanderers« seinen eigenen Verlust der Heimat betrauert. In »Ich und die Welt« sehen wir die Maler im Selbstporträt, unter denen Clara Siewerts (1862–1944, geb. in Westpreußen) kraftvolles Selbstbildnis mit Palette begeistert. Den »Aufbruch in die Moderne« vollziehen Künstler wie der Leipziger Max Beckmann (1884–1950), indem sie ihre Heimat verlassen und in die Metropolen der Sezession ziehen.

Neue Bilder braucht die Kunst

Dem in Taipau/Ostpreußen geborenen Lovis Corinth (1858–1925), der Königsbergerin Käthe Kollwitz (1867–1945) und dem aus Mähren stammenden Adolf Hölzel (1853–1934) widmet die Ostdeutsche Galerie eigene Ausstellungsräume, in denen die Kraft, die Zerrissenheit und der Drang dieser Künstler, einen entscheidenden

▶ **INFOS**

Durch die Ausstellung führt spannend, unterhaltsam und informativ ein an der Kasse erhältlicher Audioguide. Er ist als Erläuterung zum Gesehenen unbedingt zu empfehlen.

INFO/ÖFFNUNGSZEITEN
Kunstforum Ostdeutsche Galerie 1:
Dr.-Johann-Maier-Str. 5, T 0941 29 71 40,
www.kunstforum.net, Di–So 10–17,
Do bis 20 Uhr, Eintritt 6 €

UND DANACH …

… einen entspannten Kaffee oder ein Mittag- oder Abendessen im Garten des **Cafés unter den Linden** 1 gleich neben der Galerie (Dr.-Johann-Maier-Str. 1, T 0941 261 96, www.cafeunterden linden.de, tgl. 10–1 Uhr, Vorspeise um 7 €, Hauptgericht 14 €). Deftige bayerische Rezepte wie Schweinebraten und knackige Salatkreationen gelingen hier gleich gut. Auch in der holzgetäfelten Biedermeierstube sitzt man urgemütlich.

Cityplan: B 4/5 | Altstadtbus: Arnulfsplatz

Schritt in die Moderne zu tun, nachdrücklich zur Geltung kommt. Als ihre zeitgenössischen Pendants mag man Namen wie Sigmar Polke (1941, Schlesien), Markus Lüpertz (1941, Böhmen) oder Gerhard Richter (1932, Dresden) sehen, deren Werke den Rundgang beschließen.

Ostdeutsch – reicht das?

Bleibt die Frage, ob der Bezug auf die kreative Substanz des historischen deutschen Ostens als gemeinsamer Nenner für ein Museumskonzept genügt. Auch wenn die eine oder andere Zuordnung etwas willkürlich erscheint – das Museum ist ein Gewinn für das so stark von seiner mittelalterlichen Geschichte geprägte Regensburg und ein Genuss für jeden Besucher, der in einer klug kuratierten, feinen und nicht erdrückenden Ausstellung mit vielen Highlights einen Bogen von der Romantik bis heute schlagen möchte.

Was hat Gerhard Richter hier verloren? Nun, er stammt aus Dresden.

> UM DIE ECKE

Seit dem 16. Jh. schmückten Linden den Platz **Unter den Linden** vor dem Jakobstor. Im Dreißigjährigen Krieg wurden 1630 alle Bäume gefällt, um freies Schussfeld gegen die anrückenden Schweden zu schaffen. Kaum war der Krieg vorbei, ging die Stadt daran, ihren alten **Lindenplatz,** heute Teil des Stadtparks, wiederherzustellen.

Immer der Mauer lang – **Joggingrunde im Alleengürtel**

Rund um den mittelalterlichen Kern rahmt, dem früheren Verlauf der 1858 abgebrochenen Stadtmauer folgend, ein grüner Gürtel von Alleen und Parkanlagen die Stadt ein. Reste der Bastionen, Denkmäler, Tempelchen und ein mittelalterliches Tor sind darin steinerne Zeugen der Stadtgeschichte.

Die 4 km lange Strecke eignet sich hervorragend zum Walken oder als Joggingrunde, die Sie auf dem Rückweg an der Donau entlang zu knapp 6 km Gesamtlänge schließen können. Also, Laufschuhe an und los!

Vorbei die kriegerischen Zeiten

Die erste Allee außerhalb des Mauerrings ließ 1779 Fürst Carl Anselm von Thurn und Taxis pflanzen. Noch wurde die Stadtmauer gebraucht, aber dieser Schritt über den Schutzwall hinaus signalisierte auch: Stadt und Umland kommen sich näher. Ein von 1500 Bäumen beschatteter Weg verlief nun entlang des Stadtgrabens. Aus ihm entwickelten

Kunst-Jogging geht auch – hier vorbei an Waldemar Grzimeks »Bedrohter II«.

Ü
ÜBRIGENS

Das Denkmalaufstellen war im 19. Jh. besonders beliebt. Die Bürger sollten bei ihrem Spaziergang durch das Vorbild prominenter Persönlichkeiten zum Nachdenken und zur Nachahmung angeregt werden.

sich in den folgenden Jahrhunderten Parkanlagen. Unser Startpunkt, der **Herzogspark** 1 im Nordwesten der Altstadt, war eine der ersten. Hier errichtete Hofrat Georg Friedrich von Müller 1804 ein Palais und ließ die zwischen dem 16. und 18. Jh. errichteten Bastionen bepflanzen.

Vor Gucken nicht das Laufen vergessen

Auf Teilstücke der mittelalterlichen Stadtmauer aus dem 13. Jh. stoßen Sie etwas weiter entlang der **Prebrunnallee** 2. Eine historische Landmarke im Grün bildet die 1459 errichtete gotische **Bildsäule** 3, bevor man an der Einmündung der Prüfeninger Straße die beiden Rundtürme des **Jakobstors** 4 erreicht. Das im 13. Jh. errichtete Tor wurde im 19. Jh. abgetragen; nur die beiden Flankentürme blieben stehen. Weiter folgt die Allee dem Mauerverlauf nach Südosten, wo Sie an der Kumpfmühler Straße einen Abstecher in den Dörnbergpark mit dem 1805 errichteten klassizistischen **Dörnberg-Palais** 5 unternehmen können. Das Denkmal, an dem zwei Künstlergrößen, Leo von Klenze und Ludwig von Schwanthaler, zusammenarbeiteten, erinnert an Johann Eustach Graf von Schlitz gen. von Görtz. Der preußische Gesandte beim Immerwährenden Reichstag erreichte durch geschicktes Verhandeln den Abzug Napoleons aus Regensburg.

Joggen zwischen Prominenten

Jenseits der Kumpfmühler Straße begleitet die Stadtmauer aus dem 13. Jh. wieder die Allee. Dann zweigt ein Weg nach links in Richtung des gut erhaltenen, aus dem 13. Jh. stammenden **Emmeramer Tores** 6 ab, das in den ehemaligen Klosterbezirk von St. Emmeram, heute Schloss Thurn und Taxis (▶ S. 78), führt. Kurz darauf treffen wir auf ein eigenwilliges, von einer steinernen Sphinx gekröntes **Denkmal** 7 für den dänischen Reichstagsgesandten Carl Heinrich Freiherr von Gleichen. Die Fürst-Anselm-Allee säumt nun den großen Schlosspark und passiert kurz vor der Kreuzung mit der Maximilianstraße einen 1806 zu Ehren von Carl Anselm errichteten **Obelisken** 8 und das 1859 aufgestellte **Keplerdenkmal** 9. An den 1630 in Regensburg verstorbenen Astronomen erinnert ein kleiner Rundtempel mit Büste. Die gotische **Predigtsäule** 10 soll an den Sieg Karls des Großen über die Hunnen an dieser Stelle gemahnen.

Regensburg sehen und sterben: der Astronom Kepler in seinem Tempelchen.

Endspurt in ehemaliger Gefahrenzone

Ein bisschen ungemütlich ist die Querung der viel befahrenen D.-Martin-Luther-Straße; dann führt das letzte Stück des Wegs entlang der Ostenallee durch dichtes Grün. Das um 1300 erbaute **Ostentor** 11 ist der am besten erhaltene Zugang zur mittelalterlichen Stadt. Von den beiden Erkern oberhalb des Durchgangs gossen die Verteidiger Pech und siedendes Öl auf die Angreifer. Das neugotische Torhäuschen daneben bringt Sie schließlich in den **Villapark** 12 mit der 1856 für Maximilian von Bayern errichteten Königlichen Villa. Der im Stil der englischen Neugotik gestaltete Bau mit seinen markanten Rundtürmchen und dem mächtigen Giebel wurde von Architekt Ludwig Foltz so konzipiert, dass der König von seinen Gemächern einen wahrhaft fürstlichen Blick über Altstadt und Donau genießen konnte. Allerdings logierte der König nur zweimal, 1858 und 1860, und jeweils nur für einige Tage darin. Seinem Sohn Ludwig II. war die Villa zu bescheiden. Er nannte sie ›Vogelhaus‹. Heute finden darin gelegentlich Konzerte statt.

Hier sind Sie an der östlichen Stadtbastion und an der Donau angekommen. Ziel erreicht!

Ob mit Sport oder ohne, die Pause im nostalgischen Café Züchtig ist wohlverdient.

KLEINE PAUSE

Das **Café Züchtig** 1 neben dem Hallenbad ist schräg-nostalgisch eingerichtet und führt auf seiner kleinen Speisekarte schmackhafte Suppen, feinen Fisch und deftige Aufläufe (Gabelsbergerstr. 14, T 0941 38 18 00 79, www.cafe-zuechtig. de, So–Fr 14–19 Uhr, Suppen um 5,50 €).

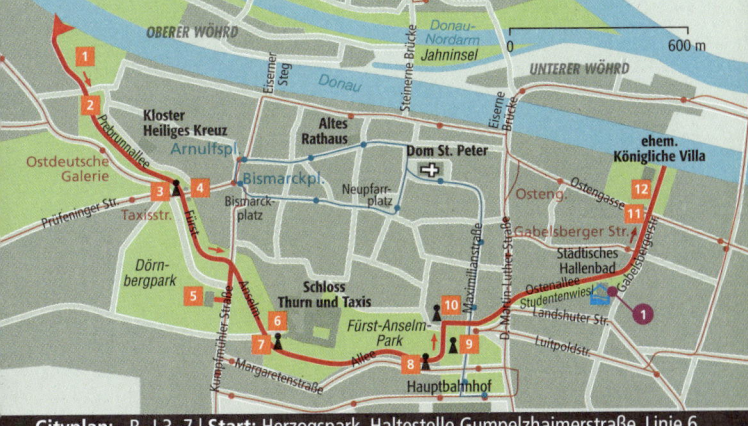

Cityplan: B–J 3–7 | **Start:** Herzogspark, Haltestelle Gumpelzhaimerstraße, Linie 6

Kleine Fluchten –
Stadtamhof und die Donauinseln

Vom höchsten Punkt der Steinernen Brücke aus blickt man ein bisschen von oben herab auf Stadtamhof am nördlichen Donauufer. Das haben wohl auch die Regensburger in den langen Jahrhunderten der gemeinsamen und doch nicht gemeinschaftlichen Geschichte der beiden Ansiedlungen häufig getan. Lange galt: Nach drüben heiraten? Gott bewahre!

Stadtamhof – so heißt auch die Hauptstraße der Siedlung am nördlichen Donauufer. An den Wochenenden ist sie beliebte Bummelstrecke.

Ursache des seltsamen Verhältnisses zweier Städte, die in Sichtweite voneinander liegen, war Regensburgs Erhebung zur kaiserlichen Freien Reichsstadt. Stadtamhof blieb herzöglich-bayerisch, was ein gewisses Spannungsverhältnis begründete. Dabei war der Ort geradezu auf den Kontakt zu Regensburg ausgelegt. Schauen Sie von der ›Steinernen‹ hinüber: Die Brücke mündet direkt in Stadtamhofs **Hauptstraße** **1**, die schnurgerade zum damaligen Stadttor – heute eine klassizistische Kopie – führte.

Die Schmalspurbahn Walhallabockerl war ein gelungener Coup, um den Tourismus zur Walhalla anzukurbeln.

Pflegen und Brauen

Ein Anwesen am Nordufer gehörte allerdings zur Reichsstadt: das **St. Katharinenspital 2**. 1220 wurde ein 100 Patienten fassender Krankentrakt erbaut. Neben der Versorgung Bedürftiger beschäftigten sich die Laienbrüder von St. Katharina mit dem Bierbrauen – die Spitalbrauerei ist das älteste Brauhaus Regensburgs. Wie Stadtamhof auch wurde die Einrichtung am 23. April 1809 von österreichischen Truppen stark zerstört, die von Napoleon aus Regensburg heraus und über die Donau getrieben worden waren. Die Fliehenden zündeten den Ort an, um ihre Verfolger aufzuhalten. Auch der Schwarze Turm am Nordende der Steinernen Brücke war beschädigt, wurde abgetragen und stattdessen ein **Brückenbasar 3** errichtet: Die beiden u-förmigen, niedrigen Gebäude empfangen Spaziergänger, die über die ›Steinerne‹ kommen, mit Restaurants, Cafés und Geschäften.

Ohne Tourismusförderung läuft nichts

Ein kurzer Weg den Stadtamhof entlang nach Norden bringt Sie zur Schmalspurlokomotive **Walhallabockerl 4**. 1889 bis 1968 zog sie die Bahn von Stadtamhof die Donau entlang bis zur Walhalla und weiter nach Wörth. Böse Zungen behaupten, die Bahnlinie sei nur deshalb gebaut worden, weil zu wenige Besucher zur Walhalla kamen. Dank dieser Tourismus-Fördermaßnahme schwoll der Strom der Walhalla-Pilger merklich an. Wenn Sie nicht schon ins **Café Spital 2** eingekehrt sind, dann hier ab in die **Kuchenbar 3** mit leckeren Kuchen.

Cineasten im Getreidespeicher

Der **Andreasstadel 5** in der Andreasstraße ist in seiner Wuchtigkeit kaum zu übersehen. Zwei Geschosse sowie weitere drei unter dem Satteldach

Ein Freisitz am Brückenkopf der ›Steinernen‹, Craft-Biere der Spitalbrauerei, bayerische und mediterrane Küche oder einfach nur Kaffee und Kuchen: Das **Café Spital 2** im Brückenbasar ist ein attraktiver Ableger der gleichnamigen Brauerei und ideal für eine Pause vor der mittelalterlichen Kulisse Regensburgs.

Zünftig geht's zum Biergartenbesuch in Stadtamhof – selten gibt's schönere Panoramen als die auf die Altstadt von Regensburg.

Egal, ob Sie nach Stadtamhof wollen oder zurück zum Dom – die Steinerne Brücke ist dafür der schönste Weg.

sind bis auf die Außenwände ausschließlich in Holz ausgeführt. 1597 ließ ihn Herzog Albrecht V. als Konkurrenz zum Regensburger Stadel erbauen. Nach umfangreichen Renovierungsarbeiten, bei denen die alte Holzkonstruktion weitgehend erhalten wurde, dient es heute als Programmkino, Künstlerhaus und Hotel. Hier beginnt die idyllische Gasse **Am Gries** 6 an der Donau entlang zur Mündung des Flusses Regen. Die Häuschen mit ihren sommerbunten Vorgärten, in denen früher die Fischer und Schiffsmeister lebten, stammen aus dem 17./18. Jh., zum Teil im Kern sogar noch aus dem Mittelalter.

Strawanzen aufm Wöhrd

Gleich hinter dem Andreasstadel führt der Grieser Steig auf die östliche der beiden Donauinseln, den **Unteren Wöhrd** 7, wo im Mittelalter ebenfalls städtische Stadel standen und Handwerker lebten. Ein angenehmer Spaziergang führt auf der von Gründerzeitvillen gesäumten Wöhrdstraße und dem im 15. Jh. als Einfassung der Donau angelegten Damm **Hammerbeschlächt** 8 durch ein fast dörfliches Idyll nach Westen unter der Steinernen Brücke hindurch auf den **Oberen Wöhrd** 9. Von unten haben Sie einen guten Blick auf die rätselhaften Figuren und Reliefs, die die Steinerne Brücke schmücken. Hier waren im 16. Jh. Mühlen angesiedelt, deren Betreiber in den Häusern entlang der **Badstraße** 10 lebten. Unter den Hausnummern 2, 4 und 6 finden Sie charakteristische Beispiele für die Architektur des 16. Jh. Den gesamten westlichen Teil des Oberen Wöhrd nimmt der Inselpark ein, eine idyllische Grünanlage, deren Hauptattraktion das beliebte Wöhrdbad bildet. Über den Eisernen Steg strawanzen Sie vom Oberen Wöhrd zurück an die Regensburger Holzlände.

KUNST, KINO & THEATER

Im Künstlerhaus **Andreasstadel** **5** sind Künstlerateliers sowie Galerieräume mit wechselnden Ausstellungen untergebracht. Zwei Kinosäle im Erdgeschoss zeigen Arthouse-Programm (▶ S. 108), das Puppentheater Pupille Schief spielt Stücke für Kinder und Erwachsene. Des Weiteren gibt es das Café-Restaurant **Akademie-Salon** und eine Dependance des **Hotels Orphée** (Andreasstr. 28, T 0941 890 58 10, www.kuenstlerhaus-andreasstadel.de).

KULINARISCHES FÜR ZWISCHENDRIN

Die hell und freundlich eingerichteten Räume des Café-Restaurants **Akademie-Salon** laden zu einem kulinarischen Ausflug nach Italien ein (im **Andreasstadel** **5**, T 0941 46 52 48 97, www.akademiesalon.de, Mo–Sa 16–23, So 11–22 Uhr, Vorspeisen um 10 €, Hauptgerichte um 16 €). Bayerisches wie Saure Nierchen, Schweinshaxe oder im Spitalpfandl bekommen sie im **Spitalgarten** **1** (St.-Katharinen-Platz 1, T 0941 847 74, www.spitalgarten.de, tgl. 9–24 Uhr, Vorspeisen um 6 €, Hauptgerichte um 12 €). Wenn Ihnen nach dem Spitalbier nach leichter Kost ist, empfehle ich das **Café Spital** **2** (Am Brückenbasar 7–9, T 0941 83 05 75 64, tgl. 9.30–22 Uhr, Hauptgericht um 11 €). Köstliche Kuchen gibt's in der **Kuchenbar** **3** (▶ S. 42). Bei **D'Oma in da Antn** **4** finden zwei Kultlokale zusammen: Die Studentenkneipe **Oma Plüsch** und der Biergarten mit dem schönsten Altstadtblick, der zum Restaurant Goldene Ente gehörte. Das gibt's nicht mehr, den Blick aber immer noch (Badstr. 32, Tel. 0941 854 55, www.oma-plüsch.de, Sa, So ab 11.30, sonst ab 17 Uhr, Hauptgerichte um 12 €,).

Cityplan: A–K 1–4 | **Start:** St. Katharinenspital/Spitalbrauerei, Linie 1, 6, 11 u. a. (Thundorfer Straße); Künstlerhaus Andreasstadel, Linie 17 (Stadtamhof)

EINTRITTSKARTEN in eine andere Welt …

Das Historische Museum (S. 33) ist nicht das einzige, das seine Türen zu ungeahnten Schätzen öffnet. Hier meine Favoriten:

UND JETZT ENTSCHEIDEN SIE!

document Schnupftabakfabrik

Führungen Fr–So 14.30 Uhr, Erw. 5 €, Kind 2,50 €, Tickets bei ANNA liebt Brot und Kaffee, ▶ S. 92

JA   NEIN

Die Schnupftabakfabrik Bernard und Bernard produzierte bis 2000 in der Altstadt ihren berühmten Schmalzler Franzl. Das Museum entführt in die nach Tabak duftende Atmosphäre der historischen Schnupftabakherstellung.

Karte 2, E 5, www.regensburg.de

Kepler Gedächtnishaus

Sa, So, Fei 10.30–16 Uhr, Erw. 2,20 €, Kind 1,10 €

JA   NEIN

Das Museum für den Astronomen Johannes Kepler (1571–1630) verbindet ein gut erhaltenes mittelalterliches Haus mit der Bandbreite seines Werks anhand von astronomischen Messgeräten und seinen Schriften.

Karte 2, E 4, www.regensburg.de

Museum in der Dreieinigkeitskirche

Mai–Ende Sept. 12–18 Uhr, Erw. 2 €, Kind 1,50 €

JA   NEIN

Die evangelische Kirche versteht sich als Museum zur Geschichte der Freien Reichsstadt. Barocke Grabdenkmäler schmücken den um die Kirche verlaufenden Gesandtenfriedhof. Fantastisches Panorama vom Turm aus!

E 5, www.dreieinigkeitskirche.de

Schloss Thurn und Taxis

Öffnungszeiten und Preise ▶ Website

JA   NEIN

Die Wohnräume der Fürstenfamilie, darunter der knapp 200 m² große Ballsaal mit Rokokodekoration, und als Höhepunkt der Kreuzgang von St. Emmeram (▶ S. 62) mit dem berühmten Benediktusportal.

E 6/7, www.thurnundtaxis.de

Städtische Galerie im Leeren Beutel
Di–So 10–16 Uhr, Erw. 5 €, Kind 2,50 €

In den Ausstellungsräumen des ehemaligen Getreidestadels ist die ostbayerische Kunst zu Hause. Wechselnde Ausstellungen präsentieren Werke von Künstlern wie Lothar Fischer, Helmut Sturm oder Erwin Eisch.

○ JA ○ NEIN H 5, www.regensburg.de

Donau-Schifffahrts-Museum
April–Okt., Mi–So 10–17 Uhr, Erw. 3 €, Kind 2 €

Wie die Donauschifffahrt funktionierte, erläutert die sehenswerte Ausstellung auf zwei ausgedienten Donauschiffen, der Ruthof (1922) und der Freudenau (1942).
Karte 2, G 4, http://donau-schifffahrts museum-regensburg.de

○ JA ○ NEIN

Historisches Museum/Mittel-alterabteilung
Di–So 10–16 Uhr, Erw. 5 €, Kind 2,50 €

Fantastische Kunstwerke aus Romanik und Gotik entfalten in der gotischen Architektur der Klosteranlage einen ganz besonderen Zauber. Toll ist das interaktive Modell der Altstadt!

○ JA ○ NEIN Karte 2, G 5, www.regensburg.de

Museum St. Ulrich
Öffnungszeiten und Preise
► Website

Das Museum sakraler Kunst in der säkularisierten frühgotischen Kirche St. Ulrich eröffnet 2018 neu. Architektur und Exponate ergänzen sich darin auf geradezu magische Weise.
Karte 2, F/G 5, www.domschatz-regens burg.de

○ JA ○ NEIN

Museum der Bayerischen Geschichte
Öffnungszeiten und Preise
► Website

Das neu errichtete Museum eröffnet im Jubiläumsjahr 2018 (100 Jahre Freistaat Bayern) mit einer interaktiven Ausstellung über Bayerns Weg in die Moderne. Wie sich wohl die Architektur ins historische Ensemble fügen wird?
Karte 2, G4, www.hdbg.de

○ JA ○ NEIN

Regensburger Museumslandschaft

So viele Museen gibt es gar nicht in Regensburg, und diejenigen, die wirklich unverzichtbar sind, lassen sich an einer Hand abzählen. Umso besser – in der Stadt selbst ist ja bereits so viel zu sehen, da bleibt bei einem Städte-Kurztrip wenig Zeit für Museen. Bei der Planung ist allerdings eine Besonderheit zu beachten: Die ›document‹ genannten Ausstellungen können bis auf eine Ausnahme, nämlich die Legionslagermauer, nur im Rahmen einer Führung besichtigt werden und diese Führungen finden meist nur an den Wochenenden statt. Auch wenn das etwas wenig und umständlich erscheint, möchte ich Ihnen zwei wärmstens ans Herz legen: das document Neupfarrplatz (▶ S. 37) und das document Niedermünster (▶ S. 32). Beide führen in den archäologischen Untergrund der Stadt, sind multimedial gestaltet und ungemein spannend. Übrigens: Eine regelmäßig stattfindende ›Museumsnacht‹ gibt es in Regensburg nicht. Ob aktuell eine solche Veranstaltung geplant ist, erfahren Sie bei der Tourist Information.

TIPPS FÜR DEN BESUCH DER REGENSBURGER MUSEEN

Die meisten Museen sind montags geschlossen; eine Ausnahme bildet das document Reichstag (Altes Rathaus), in dem täglich Führungen stattfinden. Ein Sammelticket für verschiedene Ausstellungen gibt es nicht, aber mit der Regensburg Card (▶ S. 112) haben Sie ermäßigten Eintritt. Familienfreundlich ist das ermäßigte Ticket für die ganze Familie, das meist für den Preis zweier Erwachsener angeboten wird. Üblicherweise zahlen Kinder und Jugendliche bis 18 Jahre, Studenten, Senioren, Schwerbehinderte, Arbeitslose und Hartz-IV-Empfänger nur den halben Normalpreis. Jeden ersten Sonntag im Monat haben Sie in den städtischen Museen freien Eintritt.

Der Leere Beutel ist mit spannender Kunst gefüllt.

Frühmittelalterliches Regensburg

Regensburg besitzt zahlreiche Zeugnisse vorromanischer und romanischer Architektur. Rund um den Kornmarkt im Osten der Altstadt konzentrieren sich die Bauten der ehemals agilofingischen und später karolingischen Herzogs- bzw. Kaiserpfalz. Im Westen und außerhalb der Stadtmauern errichtet, erwartet Sie eines der faszinierendsten Gotteshäuser, St. Jakob, mit dem berühmten Schottenportal.

Romanik im rauschhaften Gewand
Alte Kapelle 📖 Karte 2, G 5

Nicht täuschen lassen! Wenn Sie die Alte Kapelle betreten, werden Sie sich wohl fragen, was das mit der Romanik soll: Mitte des 18. Jh. erhielt das Gotteshaus zur 750-Jahr-Feier eine Rokokoausstattung, zu der die besten Künstler jener Zeit beisteuerten: Anton Landes (Stuck) aus Wessobrunn, Christoph Thomas Scheffler und Gottfried Bernhard Göz (Fresken) aus Augsburg sowie der Bildhauer Simon Sorg aus Regensburg. Das Jubiläum, das den Anlass zu dieser Umgestaltung gab, erinnerte daran, dass hier 1002 eine ziemlich verfallene Kirche unter Heinrich II. restauriert bzw. weitgehend neu errichtet wurde. Diese Kirche war, glaubt man den Heiligenlegenden, 300 Jahre älter und damit der älteste Kirchenbau Bayerns, denn hier soll Herzog Theodo II. durch Bischof Rupert getauft worden sein. Gesichert ist mittlerweile, dass König Ludwig der Deutsche (826–76) sie als seine Pfalzkapelle errichten und Maria weihen ließ. Die karolingische Pfalz vermutet man ja direkt nebenan im Umfeld des ›Römerturms‹ (▶ unten). Zurück zur Romanik: Sichtbares Zeugnis ist heute nur noch der frei stehende Turm.

Schwarze-Bären-Straße 7

Wo Karl der Große schlief
Herzogshof und Römerturm
📖 Karte 2, G 5

Eine unglückliche Figur im Altstadtensemble macht der gerne als Parkplatz missbrauchte Kornmarkt, unter dem womöglich archäologische Schätze schlummern. Denn er soll jener Ort sein, an dem Agilofinger, Karolinger und Wittelsbacher seit dem 7. Jh. ihre Pfalzen unterhielten. Markanter Bau des ehemaligen Machtbezirks ist der Römerturm am Übergang zum Domplatz. Mit der römischen Ära hat er allerdings nichts zu tun. Vielmehr sind der Turm und der gegenüberliegende Herzogshof die Reste der ab dem 8. Jh. existierenden, karolingischen Pfalz in Regensburg. Die Karolinger haben dabei vermutlich die Bauten ihrer Vorgänger, der agilofingischen Herzöge, einfach übernommen. Der aus Bruchsteinen auf Granitsockel aufgemauerte Römer- bzw. Pfalzturm ist der einzige Regensburger Turm, der als Wohnturm ausgebaut wurde und sogar beheizbar war. Das unterste schlichte Doppelbogenfenster ist sichtbares Zeugnis romanischer Bautradition. Ein um 1930 neu errichteter Schwibbogen verbindet den Turm mit dem Herzogshof (13. Jh.), der ursprünglich als Vierflügelanlage errichtet wurde. Von ihr ist heute nur noch die Ostseite mit romanischen Rundbogenfenstern erhalten. Bezeugt ist, dass Kaiser Karl der Große hier zwei Jahre lang, 791–93, Hof hielt.

Kornmarkt, nur von außen zu besichtigen

Wo der hl. Erhard lebte
Erhardikapelle 📖 Karte 2, G 4

Von außen ganz unscheinbar anzusehen, verbirgt sich hinter der Niedermünsterkirche in der Erhardigasse die vorromanische Erhardikapelle. Eine 1892 errichtete neoromanische Vorhalle führt zu einem schlichten dreischiffigen und niedrigen

Gotteshaus, dessen Bau ins 10. Jh. datiert wird. Es gilt als sicher, dass dieser Raum als eine Art Krypta fungierte, über der sich die eigentliche Kirche, die Vorgängerin der Niedermünsterkirche, erhob. Kunsthistorisch bemerkenswert ist, dass Ausstattung und Architektur der Krypta, abgesehen von dem neoromanischen Altarbild, quasi unverändert erhalten sind. Den Namen Erhardikapelle verdankt sie einem nahen Brunnen, den der hl. Erhard persönlich gegraben haben soll.
Erhardigasse

Von Schotten und Iren
Schottenkirche St. Jakob
🗺 D 5
Dämonen und Fabeltiere fauchen dem Gläubigen entgegen, ein Paar liebkost sich zärtlich, ein Drache trägt einen Löwen im Maul – das spektakuläre Nordportal von St. Jakob, 1170 gemeißelt, ist ein Meisterwerk romanischer Skulpturenkunst und stellt die kunsthistorischen und theologischen Interpreten vor ein Rätsel. Bis heute konnte der Bilderkanon, der sich rund um das Rundbogenportal über die Schauwand ergießt, nicht befriedigend entschlüsselt werden. Wahrscheinlich sollte diese Schauwand Teil einer geplanten Vorhalle sein, wie sie auch bei St. Emmeram existierte (▶ S. 60). Ähnlich verwirrend wie das Portal ist der Name ›Schottenkirche‹, denn errichtet wurde St. Jakob um 1170 von irischen Wandermönchen, die sich in Regensburg niedergelassen hatten. Die Iren nannte man im Mittelalter *Scoti*. Doch

damit ist das Rätsel um die ›Schotten‹ von St. Jakob noch nicht gelöst: Denn im 16. Jh. überzeugten zwei schottische Geistliche den Papst, ihnen St. Jakob zu übertragen. Bis zur Säkularisierung im 19. Jh. lebten dann schottische Schotten im Kloster St. Jakob.
Der Kirchenraum präsentiert eine kontrastreiche Kombination von romanischer Architektur und farbenfroher neuromanischer Ausmalung aus dem 19. Jh. Zu den mittelalterlichen Kostbarkeiten zählt eine romanische Kreuzigungsgruppe sowie ein Kruzifix aus dem 14. Jh., bei dessen Restaurierung das faszinierende Kreuzreliquiar in Form eines Schmetterlings entdeckt wurde (heute im Domschatzmuseum, ▶ S. 28). Einen schwachen Eindruck von dem prachtvollen romanischen Kreuzgang mit zierlichen Doppelsäulen und Zickzackornamenten, der abgerissen wurde, vermitteln das Bogenportal zum Refektorium und die kleine Brunnenkapelle.
Jakobstr. 3, www.schottenkirche.de, tgl. 8–18, Führungen April–Okt. Sa 11–12.15 Uhr

Regensburger Straßenansichten
Obere und Untere Bachgasse
🗺 Karte 2, E 4/5
Durch die beiden Gassen floss bis zum 19. Jh. der Vitusbach in die Donau. 1837 wurde er kanalisiert. In der Oberen Bachgasse Nr. 7 lebte im 16. Jh. der Maler **Albrecht Altdorfer** (1480–1538), der dem Rat der Stadt angehörte. Sein **Haus** stammt im Kern aus dem 13./14. Jh. und wurde barockisiert. Sehenswert ist auch das **Gebäude unter Nr. 15**, eine ehemalige Kapelle, die um 1200 errichtet und später mit einem Haus überbaut wurde. Das skulptierte Portal führt nun nicht mehr in ein Gotteshaus, sondern in das Friseurgeschäft LaufSteg 36.

Waren hier die Italiener?
Wahlenstraße 🗺 Karte 2, E/F 4/5
Verglichen mit den Nachbargassen fällt die Wahlenstraße bereits durch ihre großzügige Breite auf. Sie verläuft entlang der westlichen Begrenzung des ehemaligen römischen Castrums und war wahrschein-

ÜBRIGENS

Das Schottenportal ist durch einen Glasvorbau vor der Witterung geschützt. Da es nach Norden weist, steht es eigentlich nie gut im Licht. Anders abends, wenn es von Scheinwerfern angestrahlt wird. Dann treten die Figurengruppen plastisch hervor.

Straßen, Gassen und Türme – vom Brückturm aus erschließt sich das Geflecht der Regensburger Altstadt.

lich die Straße der italienischen Fernhändler: Der Name Wahlen leitet sich von Welschen ab, mit dem man im Mittelalter Italiener bezeichnete. Markantestes Bauwerk der Wahlenstraße ist der **Goldene Turm** (▶ S. 49), aber auch hinter den Fassaden der Nachbarhäuser, die teils barock und klassizistisch überformt sind, verbirgt sich mittelalterliche Substanz. An den Abdeckungen im Straßenpflaster sind beispielsweise die Treppenzugänge zu gotischen Keller- und Lagergewölben erkennbar, die heute noch genutzt werden. Auffällig ist das **Deggingerhaus** (Haus Nr 17, ▶ auch S. 53), ein Komplex, der zu Beginn des 14. Jh. aus mehreren Gebäudeteilen zusammengefasst und mit einer Maßwerkgalerie gekrönt wurde. Der dazugehörige romanische Wohnturm ist von der Wahlenstraße nicht zu sehen.

David und Goliath
Unter den Schwibbögen
🗺 Karte 2, G/F 4

Entlang dieser Gasse verlief die Nordmauer des römischen Castrums. Ihr markantestes Relikt ist an der Ostecke des Bischofshofes die **Porta Praetoria,** das nördliche Tor des 179 n. Chr. errichteten Lagers. Wiederentdeckt wurde es bei Abrissarbeiten im 19. Jh. Im Mittelalter war der römische Torbogen überbaut und damit erhalten worden. Was heute freigelegt zu sehen ist, ist der nun 11 m hohe, ursprünglich aber wahrscheinlich 30 m emporragende runde Ostturm aus massiven Quadern sowie daneben das bogenförmige Tor, das einen Einblick in römische Bautechnik gewährt. Das Bogenrund bilden 13 Steinblöcke, die so ineinander verkeilt sind, dass sie ohne Stütze und Mörtel die darauf aufliegende Mauer tragen konnten. Ein Stück nach Westen, dort wo die Gasse Unter den Schwibbögen in die Goliathstraße übergeht, beherrscht die mit einem imposanten Fresko geschmückte Wohnburg der Familie Thundorfer die Altstadt. Das nach dem Wandbild an der Nordfassade benannte **Goliathhaus** aus der ersten Hälfte des 13. Jh. bekrönen Zinnen, zwei- und dreiteilige gotische Fenster gliedern die Fassade mit einem seltsam hoch angebrachten Erker. Das Fresko vom Kampf Davids mit Goliath fertigte Melchior Bocksberger Ende des 16. Jh. an. So imposant die Anlage von außen wirkt – sie ist nur ›Fassade‹, denn bereits Ende des 19. Jh. wurde sie erstmals entkernt und umgebaut.

Pause. Einfach mal abschalten

Gassen, Straßen, Plätze, kaum Grün. In der Regensburger Altstadt verführen – abgesehen von Cafés – nur wenige Orte zu einem entspannten Abschalten. Ausnahme: die Donau, an deren Ufer ein paar Parkbänke den müden Beinen Ruhe gönnen. Wo Sie sonst noch zu einer Pause kommen? Hier ein paar Tipps:

Spitzengardinen und Samt
Café Goldenes Kreuz 🗺 Karte 2, E 4
Die Location: ein herrlich in den 1960er-Jahren verharrendes Café mit Plüschsesseln und Stuckdecken. Der Thrill: der Haidplatz vor den großen Glasfenstern. Da ist immer etwas zu gucken. Die Offerte: Kaffee und köstliche Kuchen und ein paar kleine Snacks. Fazit: Fenstertisch ergattern, Strickzeug rausholen, über die Lesebrille ab und an auf den Platz gucken, sich über schräge Vögel und freche Schüler amüsieren, Japanern bei Selfies zusehen, zählen, wie oft das unsäglich hässliche Touristenbähnchen vorbeikommt, entspannen.
Haidplatz 7, T 0941 558 12, www.hotel-goldeneskreuz.de, tgl. 7–24 Uhr, Altstadtbus-Haltestelle Haidplatz ·

Besinnung mit Orgel
Mittagsmeditation im Dom 🗺 F 4/5
Das Einzige, was die Organisatoren der Mittagsmeditation im Dom nicht richtig bedacht haben, ist die Lightshow. Denn wenn um 12 Uhr Orgelspiel und besinnliche Texte zum Innehalten auffordern, hat die Sonne ihren Platz hinter den Glasfenstern im Chorschluss bereits verlassen, und deshalb leuchten sie nicht ganz so glanzvoll wie am Vormittag. Aber wir sind ja da, um uns in die steinerne Schönheit des Doms, die majestätischen Töne der Orgel und die besinnlichen Texte zu versenken.
Ostern bis Ende Okt., Mo–Fr nach dem 12-Uhr-Läuten, Altstadtbus-Haltestelle Domplatz

Kaufhausrummel ade
Terrasse der Galeria Kaufhof 🗺 F 5
Eine Schönheit ist der Bau der Galeria Kaufhof am Neupfarrplatz gewiss nicht. Doch was sich ganz oben auf dem Dach verbirgt, ist von unten nicht zu sehen – eine fantastische Panoramaterrasse. Hoch über dem Altstadttrubel und der Einkaufshektik ein Süppchen oder einen Salat zu bestellen und das Dach- und Turmpanorama zu genießen, verspricht Entspannung pur.
Neupfarrplatz 8, T 0941 583 70, www.galeria-kaufhof.de, Mo–Sa 9–20 Uhr, Altstadtbus-Haltestelle Neupfarrplatz

Es grünt so grün
Grüne Oase 🗺 E/F 5/6
Entspannen heißt hier, sich auszutauschen, denn die Leute, die in das Urban-Gardening-Projekt Grüne Oase im Obermünsterviertel (▶ S. 64) kommen, sind meist sehr kommunikativ. So erfährt man beim Gärtnern in den Hochbeeten an der Obermünsterstraße (oder beim Dabeizusehen) interessante Geschichten aus dem (noch) recht alternativen Viertel und schließt vielleicht eine neue Freundschaft.
Steckgasse, Ecke Obermünsterstraße, nur im Sommerhalbjahr, immer zugänglich, Altstadtbus-Haltestelle Neupfarrplatz

Flanieren unter Linden
Stadtpark 🗺 A–C 4/5
Die älteste Parkanlage der Stadt war ursprünglich ein verfüllter Steinbruch, dann ein Friedhof und entwickelte sich schließlich zu einem beliebten Naherholungsgebiet mit Blumenrabatten, See, Wasserfontäne und Spielplatz. Wenn die Bänke zu unbequem erscheinen und Sie

keine Decke dabeihaben, um es sich auf
der Wiese gemütlich zu machen, ist das
Café unter den Linden (▶ S. 70) mit
einem schattigen Biergarten ideal für
eine kulinarische Verschnaufpause.
Platz der Einheit, Altstadtbus-Haltestelle
Bismarckplatz

Für Groß und Klein
Spielplatz an der Weingasse E 4
Auf dem kleinen Spielplatz zwischen hohen Altstadthäusern ist nicht allzu viel
geboten: eine Wippe, ein Holzhäuschen,
ein paar Bänke, ein paar Bäume. Dafür
ist es total friedlich, mit oder ohne Kind.
Mit einer Zeitung auf der Bank sitzen,
die rückwärtige Fassade des Keplerhau-
ses und daneben einen romanischen
Turm bestaunen. Aus irgendeinem Fenster dringt Musik. Bewohntes Mittelalter,
und ich, ganz entspannt, mittendrin.

Wie Dornröschen
Rosarium südl. C 6
Das Schweizer Fachwerkhäuschen des
Bistros Rosarium im südwestlichen
Winkel des Dörnbergparks wurde Mitte
des 19. Jh. errichtet, als Carl von Effner
im Auftrag des Freiherrn von Dörnberg
einen herrschaftlichen Garten zu einem

Ü ÜBRIGENS

1822 wurde am westlichsten
Ende des Stadtparks entlang der
Schillerstraße, ein **Friedhof für die
jüdischen Mitbürger** (A 4) angelegt, der bis heute existiert, aber
nur unregelmäßig geöffnet bzw.
zugänglich ist. Vom Park aus können
Sie zumindest einen Blick auf die
schönen alten Grabsteine werfen.

englischen Landschaftspark umgestal-
tete. Bis heute ist die grüne Oase ein
Ruhepunkt für Anwohner und die Ange-
stellten der umliegenden Büros und das
von Rosensträuchern eingerahmte Bistro
ein beliebter Treff in der Mittagspause.
Umhüllt vom Duft der Rosen kann ich
hier so richtig abschalten und mir dabei
eines der preiswerten und leckeren
Mittagsgerichte schmecken lassen.
Hoppestr. 3A, T 0941 268 85, www.bistro-rosa
rium.de, Linie 1, Haltestelle Taxisstraße,
Mo–Sa 10–23, So 10–18 Uhr, Mittagsmenü
um 8 €

Wenn die Temperaturen steigen, ist das Donauufer beliebtes Terrain zum Chillen.

Tagsüber und abends empfinden Besucher die quirlige Altstadt als aufregend, cool, spannend. Nachts möchte man sie aber dann doch nicht so lebhaft haben. Denn in den schmalen Gassen schallt's und hallt's: Absätze, Rollkoffer, Männergegröle, Frauengekreische. Jeder nächtliche Heimkehrer stört den Schlaf des Altstadthotel-Bewohners. So schalldicht können die Fenster gar nicht sein, dass man nicht von größeren (und nicht mehr ganz gangund gesangssicheren) Freundesgruppen aus dem Schlaf gerissen würde. Zwei Gedanken/ Vorschläge dazu: 1) Das Erlebnis, in der Altstadt zu wohnen, wird überschätzt; 2) Ohropax.

Regensburg boomt

… und das beileibe nicht nur touristisch. Die Stadt ist eine wichtige Wirtschaftsmetropole und besitzt eine beliebte Universität. Das treibt Miet- und Immobilienpreise in die Höhe.

Dass sich auch Hotels diesem Trend nicht verweigern, versteht sich. Deshalb erwarten Sie in Regensburg besser nicht das große Schnäppchen, sondern solide, im oberen Bereich angesiedelte Preise. Zu Messe- und Festivalzeiten klettern sie dann noch ein paar Sprossen höher auf der Leiter. Und trotz Boom – allzu viele Hotels gibt's dann doch nicht in der Stadt. Sie sollten also zeitig buchen.

Die Alternativen – Airbnb, Wimdu und Konsorten – kann ich nicht mehr guten Gewissens als Alternative empfehlen. Der Wohnraum fehlt den Regensburgern. Und auch diese Form der Immobilienvermarktung dreht energisch mit an der Preisspirale.

Wenn Sie nicht unbedingt in der Altstadt wohnen müssen, empfiehlt es sich, auf **Stadtamhof** oder das **Ostenviertel** auszuweichen. Dort kommen Sie etwas günstiger unter. Vor allem im Osten, wo sich das Areal des alten Hafens gerade in das todschicke Viertel **Marina** verwandelt, bekommt man gute Zimmer noch zu humanen Preisen. Das liegt teils daran, dass die Marina noch nicht das ist, was sie vorgibt – es wird noch eifrig gebaut –, teils aber auch am Fußweg von rund 2 km, der in die City zurückzulegen ist. Immer hübsch an der Donau entlang – ist auch eine tolle Joggingstrecke.

Auf nach drüben – günstiger wohnen in Stadtamhof.

Für Backpacker
Brook Lane Hostel ⌂ E 6

Das Haus für junge Leute oder Reisende, die keinen Superkomfort, aber saubere und freundliche Zimmer erwarten. Es gibt eine Sammeldusche, eine Gemeinschaftsküche, einen TV-Raum und sichere Fahrradabstellplätze. Zum Hostel gehört ein kleiner Laden mit Überlebensnotwendigem wie Getränken und Riegeln. Und es liegt im Herzen der Stadt – man erreicht alle Sehenswürdigkeiten zu Fuß.

Obere Bachgasse 21, T 0941 690 09 66, www.herberge-regensburg.de, Altstadtbus-Haltestelle Neupfarrplatz, 6 Zi., DZ 55 €, Mehrbettzimmer ab 16 €/Person

Rustikal und kommunikativ
Kultur- und Jugendherberge Regensburg ⌂ J 4

Die große, modern ausgestattete Jugendherberge auf der Donauinsel Unterer Wöhrd beherbergt häufig Gruppen und Schulklassen. Es ist also meist viel los und Ruhebedürftigen nicht zu empfehlen. Doch wer Kontakt sucht, ist hier bestens aufgehoben.

Wöhrdstr. 60, T 0941 466 28 30, www.jugend herberge.de, Linie 3, 8, 9, Haltestelle Wöhrdstra-ße, 168 Betten in Vier- bis Achtbettzimmern, ab 26 €/Person

Schick, zentral & nicht ganz so teuer
Hotel am Peterstor ⌂ F 6

Das Geheimnis der etwas günstigeren Preise ist der eingeschränkte Service. Die Rezeption ist nicht rund um die Uhr besetzt, die Zimmer können erst ab 16 Uhr bezogen werden, Frühstück kostet 7 € extra pro Person. Dafür ist die Lage zentral und die Zimmer sind modern und zurückhaltend ohne Schnickschnack eingerichtet.

Fröhliche-Türken-Str. 12, T 0941 545 45, www.hotel-am-peterstor.de, Altstadtbus-Haltestelle Königstraße, 36 Zi., DZ ab 85 €

Einfach und praktisch
Spitalgarten ⌂ F 3

In Stadtamhof in Blickweite der Altstadt, direkt am Donauradweg und in einem historischen Haus mit langer Geschich-te zu wohnen, ist ein besonderes Erlebnis. Auf das müssen Sie leider bis Frühjahr 2018 warten, denn derzeit wird renoviert! Der beliebte Biergarten des Hauses ist vor der Tür.

St.-Katharinen-Platz 1, T 0941 847 74, www.spitalgarten.de, Linie 17, Haltestelle Stadtamhof, Preise bitte aktuell erfragen

Besinnlich und altstadtnah
Gästehaus der Katholischen Akademie ⌂ H 5

Geschmackvoll und dezent ausgestat-tete Zimmer, im Haupthaus mit Dusche/WC, im Nebenhaus mit Gemein-schafts-Sanitäranlagen. Die zentrums-nahe angenehme Unterkunft ist oft ausgebucht. Reservieren Sie also zeitig!

Ostengasse 27, T 0941 569 60, www. katholischeakademie-regensburg.de, 30 Zi., DZ Haupthaus um 100 €, Nebenhaus 80 €

Im Hafenviertel
Kneitinger Alter Schlachthof ⌂ östl. K 6

Das alte Hafenareal östlich der Altstadt verwandelt sich gerade in eine todschi-cke Marina und mittendrin, zwischen neuen Wohnhäusern, frisch angelegten Grünflächen und noch buddelnden Bag-gern liegt dieses neue und preisgünstige Hotel. Flair im Moment nicht eher gegen Null, dafür altstadtnah. Und eine Knei-tinger-Wirtschaft ist im Haus.

Am Alten Schlachthof 9, T 0941 463 77 70, www.kneitinger-regensburg.de, 25 Zi., DZ ab 80 €

Die vier Elemente
Elements Hotel ⌂ Karte 2, G 5

Jedes der vier Zimmer ist seinem Namen bzw. dem zugeordneten Element entsprechend individuell und farbenfroh eingerichtet: Rot fürs Feuer in der Bern-stein-Suite, Blau in der Wasser-&-Well-ness-Suite, warme Erdtöne in der Colonial-Suite und Wolkenweiß in der luftigen Zauberwald-Suite. Ergänzend können Lomi-Lomi- und ayurvedische Massagen gebucht werden.

Alter Kornmarkt 3, T 0941 38 19 86 00, www.hotel-elements.de, Altstadtbus-Haltestelle Domplatz, 4 Zi., DZ ab 130 €

In fremden Betten

Schnörkel und Lüster
Hotel Lux 🏨 F 2
Im ruhigen Stadtamhof und in der ersten Etage des historischen Gasthauses Schildbräu gelegen, ist das Lux ein kleines, feines und sehr angenehmes Hotel. Die Ausstatter haben tief im Fundus antiker Möbel, Spitzendeckchen und Kristall-Lüster gewühlt und das Ergebnis ist bezaubernd.
Stadtamhof 24, T 0941 857 24, www.hotel-lux. eu, Linie 12, Haltestelle Stadtamhof, 6 Zi., DZ ab 90 €

Geschmackvolles Design
Goldener Kranich 🏨 D 4
Die moderne, geschmackvolle und sehr persönliche Einrichtung dieses Apartments mit separater Küche macht einfach nur Freude. Am liebsten würde man aus dem im Kern romanischen Haus nie wieder ausziehen. Und ein Vorteil gegenüber anderen Altstadtlagen: Das Viertel ist relativ ruhig; nächtlicher Feierlärm ist hier nicht zu erwarten.
Engelburgergasse 10, T 01577 182 24 64, www.goldenerkranich.de, Linien 1, 6, 11, Haltestelle Fischmarkt, 1 Apt., ab 90 €

Wohnen im Turm
Münchner Hof und Blauer Turm
🏨 Karte 2, F 5
Das gemütlich und dennoch modern eingerichtete Hotel **Münchner Hof** ist für sich allein eine sehr angenehme, reizvolle Unterkunft nur wenige Schritte vom Neupfarrplatz. Mit den Designsuiten

---

ÜBER REGENSBURGS DÄCHERN

City-Trip mit Landidyll: Das lässt sich in Regensburg gut verbinden, so z. B. im **Hotel Hubertushöhe** am Hang in Kupfmühl. Komfortzimmer, bayerische Spezialitäten im Restaurant, schöner Biergarten und gelegentlich Bauerntheater, das Ganze mit Blick über die Altstadt (Wilhelm-Raabe-Str. 1, 🏨 südl. D 8, T 0941 902 57, www.hubertus hoehe.com, Bus 2a, Haltestelle Geibelplatz, 11 Zi., DZ um 119 €).

---

im **Blauen Turm** haben die Hoteliers einen sehr attraktiven Erweiterungsbau geschaffen, in dem sich Gäste zwischen mittelalterlichen Mauern und hippem Design wohlfühlen können.
Tändlergasse 9, T 0941 584 40, www. muenchner-hof.de, Altstadtbus-Haltestelle Neupfarrplatz, 53 Zi. und 10 Suiten, DZ ab 98 €, Turmsuiten ab 125 €

Vom Schlosspark um die Welt
Castle Hotel 🏨 E 6
Das sehr persönlich und individuell geführte B & B liegt in der grünen Umgebung des Schlosses Thurn und Taxis mit Themenzimmern, die fernen Ländern zugeordnet sind und die Gäste in Farbgebung und Einrichtung nach Afrika, Indien, Fernost oder Florida entführen.
St. Peters-Weg 3, T 0941 58 61 27 07, www.castlehotel-regensburg.com, Altstadtbus-Haltestelle Gutenbergplatz, 7 Zi., DZ ab 100 €

Ländlich und doch zentral
Andreasstadel 🏨 G 3
Ableger des Hotels Orphée (► unten) im Andreasstadel.
Andreasstr. 26, Stadtamhof, T 0941 59 60 20, www.hotel-orphee.de, DZ ab 110 €

Bohème und Komfort
Hotel Orphée Großes Haus
🏨 Karte 2, E 5
Das Orphée logiert in einem verwinkelten Barockhaus im Herzen der Altstadt. Jedes Zimmer ist anders und abhängig von Größe und Lage eingerichtet. Die Zimmerdecken sind teils mit Stuck verziert, teils von Holzbalken getragen, das Mobiliar individuell mit einem Hauch Romantik. Der Blick über Regensburgs Dächer von einem der Dachzimmer ist fantastisch und das Frühstück überdies konkurrenzlos üppig!
Untere Bachgasse 8, T 0941 59 60 20, www. hotel-orphee.de, Altstadtbus-Haltestelle Altes Rathaus/Kohlenmarkt, 25 Zi., DZ ab 125 €

Historische Träume
Goldenes Kreuz 🏨 Karte 2, E 4
Nur neun Zimmer, alle zurückhaltend modern und mit allem technischen Kom-

*Geht's noch? So romantisch wohnt sicher nicht einmal Fürstin Gloria.
Dafür aber die Gäste des Orphée.*

fort ausgestattet, sind von der einstigen Fürstenherberge erhalten geblieben. Wer also gerne einmal an einem Ort nächtigen möchte, an dem Kaiser Karl V., Königin Amalie von Sachsen und Fürst von Metternich abgestiegen sind, ist hier richtig. Außerdem liegt unter den Hotelfenstern (die natürlich schalldicht schließen) Regensburgs beliebtester Festplatz – es ist also immer etwas los.
Haidplatz 7, T 0941 558 12, www.hotel-goldeneskreuz.de, Altstadtbus-Haltestelle Haidplatz, 9 Zi., DZ ab 130 €

Den Dom im Blick
Achat Plaza Herzog am Dom
🏠 Karte 2, G 5
Das Hotel im ehemaligen Herzogshof verwöhnt seine Gäste mit großzügig bemessenen Zimmern, einer geschickt zwischen historischem Stil und Moderne variierenden Einrichtung, perfektem Service und der einmaligen Lage am Domplatz. Und vielleicht bekommen Sie als Gast des Hauses ja die Gelegenheit, einen Blick in den historischen Herzogssaal zu werfen!
Domplatz 3, T 0941 58 40 00, www.regensburg.

achat-hotels.com, Altstadtbus-Haltestelle Domplatz, 40 Zi., DZ ab 150 €

Römische Mauern
Bischofshof 🏠 Karte 2, F 4
Eines der großen Traditionshäuser von Regensburg und unweit der Porta Praetoria gelegen. In der Porta Praetoria Suite ist sogar noch römisches Mauerwerk zu sehen! Die Zimmer sind geschmackvollgediegen eingerichtet; zum Haus gehört das angenehme Café Porta, im Sommer mit Tischen im Innenhof.
Krauterermarkt 3, T 0941 584 60, www.hotelbischofshof.de, Altstadtbus-Haltestelle Domplatz, 55 Zi., 4 Suiten, DZ ab 155 €

Wellness in der Altstadt
Goliath am Dom 🏠 Karte 2, F 4
Das Hotel am Goliathhaus erfüllt alle Wünsche an luxuriösen Komfort und verwöhnt seine Gäste als eines der wenigen Altstadthotels mit Sauna, Dampfbad und Fitnessraum. Die Dachterrasse mit Altstadtpanorama ist der absolute Hit!
Goliathstr. 10, T 0941 200 09 00, www.hotelgoliath.de, Altstadtbus-Haltestelle Domplatz, 41 Zi., DZ ab 160 €

ICE, ICE, BABY

Hausgemacht, vegan, mit frischen Früchten, ohne Geschmacksverstärker usw. muss ein Eis heutzutage schon sein. Da können Sie auch in Regensburg Entdeckungen machen, z. B. in der Kulteisdiele **Stenz** (📍 D 5, Bismarckplatz 8, Kugel 1,30 €), wo es neben dem angeblich besten Eis Regensburgs auch noch höllisch-verführerische Macarons gibt, oder im **Diba Chocolat** (📍 Karte 2, E 5, Rote-Hahnen-Gasse 6, Kugel 1,40 €), wo alle Zutaten aus Bioproduktion kommen, mit Geschmacksrichtungen wie Rosenblüte oder Schoko-Chili. In klassisch-italienischer Tradition schöpft Signore de Pellegrin vom **Aamu** (📍 Karte 2, G 4, Thundorfer Str. 10, Kugel 1,20 €) sein Eis nicht aus Wannen, sondern aus *carapine*, den typischen tonnenförmigen Edelstahlgefäßen. Sind wir also doch in der nördlichsten Stadt Italiens?

Gott in Frankreich oder in Italien?

Seinen vielen Studenten verdankt Regensburg eine ausgeprägte Kneipen- und Imbiss-Szene mit preiswertem Gastroangebot, vegetarischer und veganer Küche sowie dem Hang zu internationalen ›Klassikern‹ wie Curry, Chili und Co. Sie finden sich auf fast allen Speisekarten, ob auf der Schiefertafel oder gedruckt, wieder.

Ein typisches Beispiel ist das Café Lila: Stets voll, immer sympathisch, wenn auch gelegentlich chaotisch – aber das scheint niemanden zu stören. Am anderen Ende der Skala stehen einige wenige herausragende Gourmetlokale, als deren Flaggschiff im Augenblick das Storstad mit skandinavischen Segeln über den Altstadtdächern cruist. Dazwischen tummeln sich Inder, Vietnamesen, Spanier, Italiener und ein imposanter Trachtenzug Oberpfälzer und bayerischer Wirtschaften, die heimische Traditionen in Ehren halten (und hier und da auch ihr eigenes Bier brauen). Da führt natürlich kein Weg an der Wurstkuchl an der Steinernen Brücke oder dem Kneitinger-Stammhaus am Arnulfsplatz vorbei. Regensburg rühmt sich ja gerne als nördlichste Stadt Italiens. Ich für meinen Teil finde, sie ist die östlichste Frankreichs, denn die französische Lebensart hat hier mit dem Orphée und dem Mirabelle zwei so herausragende kulinarische Botschafter etabliert, dass man sich fühlen könnte wie Gott in Regensburg.

Auf der ›italienischen‹ Habenseite: Eis, Eis, Eis.

SO BEGINNT EIN GUTER TAG IN REGENSBURG

Szene-Frühstück
Café Lila 🍴 Karte 2, E 4
Frühstücken bis 17 Uhr, von französisch über vegan und scharf bis arabisch.
Rote-Hahnen-Gasse 2, T 0941 555 52, www.café-lila.de, So–Do 8–1, Fr, Sa bis 2 Uhr, 5–13 €

Franzosen-Frühstück
Orphée 🍴 Karte 2, E 5
Original französisches Frühstück im Bistro des Hotels, und weil mancher vielleicht etwas mehr möchte als nur Kaffee und Croissant gibt's eine Frühstückskarte mit vielen Variationen.
Untere Bachgasse 8, T 0941 59 60 20, www.hotel-orphee.de, Altstadtbus-Haltestelle Altes Rathaus, tgl. 8–1, Frühstück 8–11 Uhr, 4–15 €

Promi-Frühstück
La Chapelle 🍴 Karte 2, G 5
Das Bistro am Alten Kornmarkt serviert Frühstück von 9 bis 16 Uhr und hat sein Angebot nach berühmten Franzosen benannt. Picasso ist das reichhaltigste.
Am Alten Kornmarkt 1, T 0941 50 27 59 78, www.la-chapelle-regensburg.de, Altstadtbus-Haltestelle Domplatz, Frühstück 9–16 Uhr, 3–9 €

Buffet-Frühstück
Alex 🍴 Karte 2, F 5
Zugegeben, ein Kettenrestaurant. Aber durchaus beliebt, denn das Frühstücksbuffet ist wirklich reichhaltig und lecker und dabei recht preiswert. Bei schönem Wetter mit Tischen im Freien.
Neupfarrplatz 6a, T 0941 58 40 60, www.dein-alex.de, Altstadtbus-Haltestelle Neupfarrplatz, Frühstücksbuffet Mo–Fr 8–12, Sa 8–13 Uhr, 9 €

Vegan-Frühstück
Taracafé 🍴 Karte 2, G 5
Die gemütliche Frühstücksoption für vegane Genießer. Allerdings ist das Biovergnügen nicht ganz billig.
Am Brixener Hof 5, T 0941 64 63 55 41, www.taracafe-regensburg.de, Mo–Sa 9–21 Uhr, Frühstück 9–11 Uhr, um 15 €

VON DER KETTE

Mehrere Food-Ketten unterhalten in Regensburgs Altstadt Filialen, so der kultige Bulettenbrater **Hans im Glück** (Kohlenmarkt 6), die italienischen Riesenpizza-Spezialisten von **L'Osteria** (Watmarkt 1) oder die frische Salat- und Sandwichbar von **Dean & David** (Blaue-Lilien-Gasse 3; alle 🍴 Karte 2, F 4).

WO ESSEN AUF NACHHALTIGKEIT TRIFFT

Gesundes Fastfood
Mischbar 🍴 Karte 2, E 5
Salate, Currys und Smoothies – die gesunde und kalorienarme Ernährung steht in diesem sympathischen, modern und freundlich gestalteten Edelimbiss im Vordergrund.
Gesandtenstr. 3–5, T 0941 29 03 09 10, www.15568663200.cm4allbusiness.de, Altstadtbus-Haltestelle Neupfarrplatz, Mo–Sa 10–21, So 12–19 Uhr, großer Salat um 7 €

Bio vom Bauern
Gänsbauer 🍴 Karte 2, E 4
Regionales Biofleisch, Vollkornbrötchen, Biosäfte – die Gastgeber sind selbst Biobauern sowie Slow-Food-Mitglieder und achten auf die Herkunft und Qualität ihrer Produkte. Und das schmeckt man!
Keplerstr. 10, T 0941 578 58, www.gaensbauer.de, Altstadtbus-Haltestelle Fischmarkt, Di–Sa 17.30–22 Uhr, Hauptgericht um 20 €

Aus Liebe zum Tier
Taracafé 🍴 Karte 2, G 5
Das sympathische Café kocht ausschließlich vegetarisch/vegan und das sehr fein.
Adresse ► links, Hauptgericht um 8 €

Ausgewogen und preiswert
Regensburger Suppenbar
🍴 Karte 2, E 5
Gesund und vollwertig und dabei zugleich preiswert: Die Suppenküche ist ideal für

den Mittagssnack, es gibt knackige Salate, vegetarische Gerichte und Eintöpfe. Die Küche legt Wert auf die Information, dass kein Knoblauch verwendet wird.

Obere Bachgasse 12, T 0176 45 97 63 23, www.regensburger-suppenbar.de, Altstadtbus-Haltestelle Gutenbergplatz, Mo–Fr 11.30–15, Sa 11.30–15.30 Uhr, Hauptgerichte oder kleines Menü um 6 €

Veggie-Burger
kAffé dAdA 🍴 D 4

Das sympathische und modern eingerichtete Lokal serviert verschiedene Sorten vegetarischer und veganer Burger, leckere Kuchen und einige asiatisch-mediterran angehauchte Hauptgerichte.

Rote-Löwen-Str. 11, T 0941 56 99 34 89, www.kaffe-dada.com/immer.html, Altstadtbus-Haltestelle Arnulfsplatz, Mo–Do 11–24, Fr, Sa 12–24, So 14–22 Uhr, Hauptgerichte 11 €, Burger 5–7 €

Gesund aus Vietnam
KUK 🍴 F 6

Gestartet ist das KUK als rein veganer Asiate, inzwischen kocht man auch mit tierischen Produkten, aber stets ohne Geschmacksverstärker und mit vielen frischen Kräutern. Und einige vegane Gerichte gibt's immer noch.

Obermünsterstr. 13, T 0941 38 22 08 59, Altstadtbus-Haltestelle Neupfarrplatz, Di–Mo

---

AUF DIE HAND

Auf der Suche nach Fast Food werden Sie im **Obermünsterviertel** (▸ S. 64) fündig – dort scheinen sich sämtliche Döner- und Wok-Betreiber Regensburgs verabredet zu haben. Noch ein Tipp: Der Straßenverkauf vom **Café Lila** (▸ S. 45) setzt auf Kumpir, eine türkische Variation der Ofenkartoffel. Beliebt ist auch die Wurstbraterei Reisinger am Neupfarrplatz, die angeblich die besten Knackersemmeln der Stadt verkauft. Die dann auch bitte mit allem probieren: Meerrettich, süßem Senf, Essiggurke und der Knackwurst!

11–20 Uhr, Hauptgerichte um 10 €

....
INSTITUTIONEN UND SZENETREFFS
....

Unter Bögen
ANNA liebt Brot und Kaffee
🍴 Karte 2, E 5

Café und Laden im Erdgeschoss der Schnupftabakfabrik mit schlichter, warmer Einrichtung unter historischen Gewölben und einigen Tischen an der Gesandtenstraße. Es gibt köstlichen Kaffee und Kuchen sowie delikat belegte Brötchen.

Gesandtenstr. 5, T 0941 206 02 30, www.anna-cafe.de, Altstadtbus-Haltestelle Gutenbergplatz, Mo–Sa 9–19, So ab 10 Uhr, Sandwich um 3,50 €

Lässiges Kult-Café
Café-Bar 🍴 E 5

Das winzige Jugendstilcafé ist der Treff in der Gesandtenstraße. Die Tische sind immer besetzt, man trinkt Kaffee oder ein Glas Wein, verzehrt dazu leckere Snacks und sieht den Passanten beim Bummeln zu.

Gesandtenstr. 14, T 0941 541 67, Altstadtbus-Haltestelle Gutenbergplatz, Mo–Mi 8–24, Do, Fr 8–1, Sa ab 9, So 13–24 Uhr, Sandwich um 4 €

Vor und nach dem Theater
Café-Bar Drei Mohren 🍴 D 4

Ob das Drei Mohren die kultige Diba-Bar ersetzen kann, muss sich erst zeigen. Aber eigentlich passt alles: nostalgische Einrichtung, hübsche Fliesen am Boden, gutes Frühstück, leckere Kuchen und Snacks wie Tramezzini.

Drei-Mohren-Str. 3, T 0941 567 44 33, Altstadtbus-Haltestelle Bismarckplatz, Mo–Sa 9–1, So ab 10 Uhr, Aperol Spritz um 5 €

Samt, Lüster & Kaffee
Café Goldenes Kreuz 🍴 Karte 2, E 4

Plüschige Café-Atmosphäre in der ehemaligen Hauskapelle – hier können Sie einen Regentag bei Kaffee, Kuchen, ausgesuchten Snacks und einer Zeitung vertrödeln und über die vielen adeligen Häupter nachdenken, die in diesem Haus ein- und ausgegangen sind. Bei schönem

Hell, luftig, sehr beliebt – im ANNA fühlen sich Gäste verschiedenen Alters und verschiedener Herkunft pudelwohl.

Wetter sitzt man auf dem Haidplatz und genießt den Trubel um sich herum.
Haidplatz 7, T 0941 572 32, www.hotel-golde
neskreuz.de, Altstadtbus-Haltestelle Haidplatz,
tgl. ab 7 Uhr, Kuchen um 2,50 €

Viva España
Bodega vinos y tapas 🍴 Karte 2, E 5
Entspannte Atmosphäre, feine Tapas und eine große Auswahl an spanischen Weinen und Sherrys – wer es sich in dieser Bodega oder in ihrem romantischen Innenhof gemütlich gemacht hat, geht so schnell nicht wieder raus.
Vor der Grieb 1a, T 0941 584 04 86,
www.bodega-regensburg.de, Altstadtbus-
Haltestelle Haidplatz, So, Di–Do 18–24,
Fr, Sa 18–1 Uhr, Tapas 4–11 €

Für den internationalen Hunger
Chaplin 🍴 J 5
Das Lokal am Villapark und unweit des Ostentorkinos war lange Zeit ein beliebter Studententreff mit preiswertem Speisenangebot. Seit Mitte 2016 ist es mit Designmobiliar etwas aufgehübscht und mit umfangreicher Karte auch anspruchsvoller geworden, was das Essen angeht. Das mäandert durch alle Kontinente und Stile, mit Schwerpunkt auf Pasta, Curry, Chilli und Riesensalaten, darunter auch viel Vegetarisches. Essen okay, Stimmung gut, Preise relativ studentenfreundlich.
Adolf-Schmetzer-Str. 5, T 0941 79 82 00,
www.chaplin-regensburg.com, Linie 5,
Haltestelle Weichsenburgstr., tgl. 11–1 Uhr,
Hauptgericht um 11 €

Frischedusche aus Vietnam
Ha Tien 🍴 Karte 2, E 4
Mit Geduld stehen die Regensburger in diesem Mini-Restaurant-Imbiss an, um preiswerte, frisch zubereitete Currys, Wok-Gerichte mit Gemüse, verschiedene Frühlingsrollen, Wan Tans oder aromatisch-scharfe Süppchen zu ordern – vieles übrigens geschickt zu kombinieren. Es schmeckt und ist preiswert!
Kohlenmarkt 1, T 0941 538 88, www.hatien-
regensburg.de, Linie 2A, Haltestelle Fischmarkt,
Mo–Sa 11–15, 17–22 Uhr, Hauptgericht um 6 €

Clubbing + Pommes = Ernstl
Ernstl 🍴 G 7
Wo soll man dieses ›Urban Pre- & Afterclubbing‹ zuordnen? Die Szene kommt

hier vorbei, weil sie vor oder nach dem Clubbesuch einen gehörigen Hunger hat und sich mit Butterbreze, Currywurst oder den berühmten Ernstl-Süßkartoffelpommes wieder in Form bringen will.

Ernst-Reuter-Platz 2, T 0941 280 22 22, www.ernstl.bar, Linie 2A, 6, Haltestelle Hauptbahnhof/Albertstr., Di–Do 0–5, Fr, Sa 21–5 Uhr, Pommes 2,50 €

Französische Lebensart

Orphée 🕐 Karte 2, E 5

Im Stil eines französischen Bistros eingerichtet, ist das Restaurant des Hotels Orphée ein nahezu originales Stück französischer Lebensart in Regensburg. Angefangen bei der hervorragenden Küche mit all den Klassikern wie Coq au vin über die gut sortierte Weinkarte bis hin zu den verblichenen Filmplakaten an den Wänden passt alles zusammen. Im Sommer können Sie im Innenhof des historischen Kaufmannshauses dinieren. Für den kleinen Appetit gibt's im vorderen Teil des Restaurants Baguettes, Croques Monsieur und Salate.

Untere Bachgasse 8, T 0941 59 60 20, www.hotel-orphee.de, Altstadtbus-Haltestelle Altes Rathaus, tgl. 8–1 Uhr, Hauptgerichte um 20 €

No a Franzos'

Mirabelle 🕐 D 5

Sehr sympathisch sind der mit mediterranen Farbtupfern gestaltete holzgetäfelte Gastraum und der hübsche Innenhof. Die Küche kombiniert französische Bistro-Klassiker mit moderner Leichtigkeit; die Weinkarte ist sehr umfangreich und der Service aufmerksam, wenngleich es bei großem Ansturm auch mal etwas länger dauern kann. Ein rundum empfehlenswertes Lokal, überdies mit erstaunlich günstigen Preisen!

Drei-Mohren-Str. 11, T 0941 595 65 50, www.mirabelle-regensburg.de, Altstadtbus-Haltestelle Bismarckplatz, Mo–Sa 18–24, So 11.30–14 Uhr, Hauptgericht um 20 €, 3-Gänge-Menü 27 €

Angesagt multikulturell

Roter Hahn 🕐 Karte 2, E 5

Der Rote Hahn ist ein hübsches Altstadthotel mit flott gestyltem Restaurant und einer Speisekarte im Geist der Zeit mit Schaumsüppchen, Carpaccios, Flugenten und Wok-Gerichten – alles von makelloser Qualität. Sehr angenehm ist die große Auswahl vegetarischer Speisen.

Rote-Hahnen-Gasse 10, T 0941 59 50 90, www.roter-hahn.com, Altstadtbus-Haltestelle Altes Rathaus, tgl. 6–24 Uhr, Vorspeisen um 11 €, Hauptgerichte um 20 €

TYPISCH REGENSBURG

Oberpfälzer Bauchstechala

Krauterer 🕐 Karte 2, F 4

Die müssen Sie einfach probieren! Im restlichen Bayern heißen die Bauchstechala Fingernudeln und werden aus Kartoffelteig zubereitet. Dazu gibt's je nach Gusto Kraut und Schweinebauch oder Schwammerl (Pilze) oder süßes Kompott. Und natürlich viele weitere Oberpfälzer Spezialitäten wie Magendratzerl (dreierlei bayerischer Aufstrich) oder Oberpfälzer Mozzarella, das Ganze mit Blick auf den Dom.

Kramgasse 10–12, T 0941 573 88, www.krauterer-regensburg.de, Altstadtbus-Haltestelle Domplatz, Mo–Do 10–23, Fr, Sa 10–24, So 10–18 Uhr, Hauptgericht um 13 €

Altstadt im Fokus

Alte Linde 🕐 F 3

Die Alte Linde auf der Donauinsel Oberer Wöhrd gehörte früher ebenfalls zur Kneitinger-Gastronomie und schenkt bis heute das Bier dieser Brauerei aus. Manche Regensburger nennen sie wegen des schönen, schattigen Freisitzes einfach nur ›Kneitinger Garten‹. Und in diesem Garten sitzen Sie unter mächtigen Linden ganz nahe an der Steinernen Brücke, hinter der sich das Regensburger Altstadtpanorama entfaltet. Dazu schmecken Obazda, Bratensulz oder der preiswerte Regensburger Teller, auf dem Schweinefleisch, Knacker, Bratwürste, Kraut und Knödel die kulinarischen Tugenden der Stadt feiern.

Müllerstr. 1, T 0941 880 80, www.altelinde-regensburg.de, Linie 1, 6, 11, Haltestelle Thundorfer Straße, April–Sept. tgl. 11–23, im Winter Mo–Fr 16–23, Sa, So 11–23 Uhr, Hauptgerichte um 11 €

Schnörkellos bayerisch
Brandl Bräu 🍷 H 5
Die seit 1926 beurkundete Gaststätte, auch unter dem Namen Bär an der Kette bekannt, liegt etwas abseits vom Altstadttrubel. Auf der Speisekarte finden Sie von Tafelspitz bis zu Sauren Zipfeln Standards und Highlights der bayerischen Küche, frisch zubereitet und immer schmackhaft. Ausgeschenkt wird Bier von Lammsbräu.
Ostengasse 16, T 0941 58 43 30 16, www.brandl-braeu.de, Linie 10, Haltestelle Gabelsbergerstraße, tgl. 17–24, Sa, So auch 11–14 Uhr, Hauptgerichte um 12 €

Schönster Biergarten?
Kreuzschänke 🍷 C 4
Dieser lauschige, baumbestandene Hof hätte das Zeug dazu, den Biergarten-Schönheitswettbewerb zu gewinnen; nur groß ist er nicht. Im Sommer muss man also Glück haben, um da einen Platz zu ergattern. Unter den bayerischen Wirtschaften ist die Kreuzschänke ein bisschen ungewöhnlich, weil sie nicht zwanghaft auf Bavarisierung setzt. Aber die Speisekarte führt natürlich Knödel, Würschtl und Braten auf, danach zum Überfluss auch noch Schmarrn. Kalorien, Kalorien! Aber dafür geht man ja in eine bayerische Wirtschaft.
Kreuzgasse 25, T 0941 542 00, www.wirtshaus-kreuzschaenke.de, Altstadtbus-Haltestelle Arnulfsplatz, Di–Sa 17–23 Uhr, Hauptgericht um 12 €

Oberpfälzer Klassiker
Kneitinger 🍷 D 4
Die Stammwirtschaft direkt neben der Brauerei ist ein Ort, an dem wirklich alle zusammenkommen: Geschäftsleute zum Termin, After-Worker zum Feiern, junge Paare mit gehörigem Hunger, Stammtischler zum Karteln und Spätheimkehrer auf einen letzten ›Schnitt‹, kurzum: Es ist der Gasthof für jedes Alter und jede Façon. Ausgeschenkt wird das Regensburger Traditionsbier, gekocht wird sehr lecker bayerisch/oberpfälzisch, und der Legende, es gebe hier auf den letzten Wunsch der verstorbenen

Seniorchefin hin weder Pommes noch Ketchup, muss ich leise widersprechen. Die Kindergerichte kommen natürlich nicht ohne Kartoffelstäbchen und rote Würzsoße aus.
Arnulfsplatz 3, T 0941 524 55, www.knei.de, Altstadtbus-Haltestelle Arnulfsplatz, tgl. 9.30–24 Uhr, Hauptgericht um 12 €

ÖFTER MAL WAS NEUES

Hausers Küchentisch ist das erste Pop-up-Restaurant Regensburgs. In erster Linie finden hier verschiedene Koch-Events für angemeldete Gruppen statt (s. Website), aber mittags können Sie zwischen 12 und 14 Uhr am großen Tisch Platz nehmen und sich aus den dampfenden Töpfen und Schüsseln bedienen. Gelegentlich gibt's abends auch ein Menü. Wie bei Pop-up so üblich: Morgen kann's schon vorbei sein. Aber Christoph Hauser findet dann sicher eine neue Location (🍷 F 6, Obermünsterplatz 7, T 0941 504 77 10, www.hausers-kochlust.de).

Bayerisches in der Marina
Alter Schlachthof 🍷 östl. K 6
Tolle historische Gewölberäume, dunkles Holz, aber auch ein bisschen Ungewöhnliches wie die gar nicht zu einer ›Wirtschaft‹ passenden türkisgrünen modernen Sitzgruppen kombiniert dieser jüngste Spross der Kneitinger Braudynastie zu einem spannenden Oberpfälzer Gasthaus im Neubaugebiet Marina, dessen Biergarten im Sommer nicht nur die Leute aus der Nachbarschaft anzieht. Die Küche ist gut, ohne besonders zu überraschen; was mehr zählt, ist das Ambiente.
Prinz-Ludwig-Str. 1, T 0941 463 77 70, www.kneitinger-regensburg.de, Linie 10, Haltestelle Prinz-Ludwig-Straße, tgl. 11–23 Uhr, Hauptgericht um 12 €

Oase im Hinterhof
Dicker Mann 🍷 Karte 2, E 5
Günstig ist das Mittagessen beim

Storstad ist schwedisch und heißt Großstadt. Und großstädtisch mit Boden-haftung – das Restaurant ist on top des historischen Goliathhauses – gibt sich der junge Sternekoch Anton Schmaus in Design und Kochkunst gleichermaßen.

Dicken Mann: Zwischen 5 und 8 € für ein Hauptgericht– das kann sich sehen lassen! Dabei sitzt man bei schönem Wetter in einem wirklich lauschigen Innenhof, und wenn's kalt ist, dann lockt die urgemütliche Wirtsstube. Die Abendkarte hat mittleres Preisniveau.

Krebsgasse 6, T 0941 573 70, www.dicker-mann.de, Altstadtbus-Haltestelle Haidplatz, tgl. 9–1 Uhr, Hauptspeise um 11 €

Adel verpflichtet
Brauhaus am Schloss D 6

Zwei glänzende Sudkessel in der Mitte des hallenähnlichen Gastraums lassen keinen Zweifel aufkommen: Hier wird gebraut. Die Gaststätte im Marstall des Schlosses Thurn und Taxis ist auf die Ver-pflegung auch größerer Gruppen einge-richtet, lässt individuelle Betreuung aber nicht vermissen. Zu den Hausspezialitäten zählen u. a. Rostbratwürstl mit Kraut und Kipferl – sonst auf Speisekarten eher selten zu finden. Mit Biergarten.

Waffnergasse 6–8, T 0941 280 43 30, www.brauhaus-am-schloss.com, Altstadt-bus-Haltestelle Gutenbergplatz, Mo–Fr 11–24, Sa, So 10–24 Uhr, Hauptgericht um 13 €

EXPERIMENTIERFREUDIG UND UNGEWÖHNLICH

Skandinavien im Turm
Storstad Karte 2, F 4

Die skandinavisch inspirierte Küche des Regensburger Meisterkochs Anton Schmaus zeichnete der Guide Michelin mit einem Stern aus. Nicht nur der ku-linarische Genuss, auch das puristische Ambiente in der obersten Etage des Goliathhauses und der Blick über die Altstadtdächer machen das Storstad zu einem ganz besonderen Erlebnis.

Watmarkt 5, T 0941 59 99 30 00, www.storstad.de, Linie 2A, Haltestelle Fischmarkt, Di–Sa 12–14, Di–Do 18.30–21.30, Fr, Sa 18–21.30 Uhr, 4-Gänge-Menü um 90 €

Fingerfood in der Dämmerung
Sticky Fingers Karte 2, E 5

Weil er offensichtlich mit dem Storstad nicht ausgelastet ist, hat Schmaus das Sticky Fingers eröffnet. Konzept: Von au-ßen sieht man nix (schwarze Scheiben), innen wenig, weil's so dunkel ist. Zu essen/tasten gibt's Sashimi-ähnliches,

Fingerfood, Steak, Curry. Kommt alles gleichzeitig oder in unkonventioneller Folge und die Tischgesellschaft ist aufgefordert zu teilen. Am besten man kommt in größerer Runde und hofft, dass man dem/der Richtigen die Hand (oder die sticky fingers) aufs Knie legt. Ist Kult. Versteht sich!

Untere Bachgasse 9, T 0941 58 65 88 08, http://stickyfingers.restaurant/, Altstadtbus-Haltestelle Kohlenmarkt, Di–Sa 18–2 Uhr, Hauptgericht um 18 €

Küchenkunst zum Träumen
Silberne Gans 🍴 G 4

Mario Parnitzke heißt der Chef in der Küche, aus der ebenso fantasievolle wie auf den Punkt perfekt zubereitete Köstlichkeiten wie Seesaibling mit Pak Choi und Artischocken ihren Weg auf den Tisch des Gastes finden. Vom Amuse geule bis zum Dessert ein weltumspannendes kulinarisches Vergnügen, das der Service dezent, aber stets aufmerksam begleitet. Dann wäre noch der Blick auf die ›Steinerne‹ und den Dom zu erwähnen, aber dazu kommt man ehrlich gesagt gar nicht.

Werftstr. 3, T 0941 280 55 98, www.silberne gans.de, Linie 3, 4, 9, Haltestelle Eiserne Brücke, Mi–Fr, So 12–14, 18–24, Sa 18–24 Uhr, Hauptgericht um 32 €

Mittelalterlich tafeln
Apostelkeller 🍴 D 5

Das Regensburger Rittermahl hat es schon ins Fernsehen geschafft – kein Wunder, sind doch Stimmung und Atmosphäre in den mittelalterlichen Gewölben wirklich ausgelassen. Der Gast hat die Wahl zwischen bürgerlichem und Ritter-Menü; getafelt wird etwa drei Stunden lang und Gaukler können hinzugebucht werden.

Am Ölberg 5, T 0941 583 93 92, www.rittermahl-apostelkeller.de, Altstadtbus-Haltestelle Gutenbergplatz, tgl. ab 19 Uhr, Menü 24 € oder 44 €

....

HINAUS IN WALD UND FLUR

....

Feinschmeckeroase Dorfwirtschaft
Zum Goldenen Krug

Zwei junge Meisterköche beleben das alte Dorfwirtshaus von Sengkofen, östlich von Regensburg, mit einer erfrischend feinen und zugleich geerdeten, regionalen Küche. Auf der Karte stehen u. a. Lammhaxe, Wiener Schnitzel oder Ricottaravioli, alles von tadelloser Frische und Qualität. Dazu gibt es eine ausgesuchte und gut abgestimmte Weinbegleitung. Am besten wählen Sie ein Menü!

Brunnenstr. 6, 93098 Sengkofen (📖 Karte 3, C 2), T 09406 285 58 11, www.zum-golde nen-krug.de, Mi–Sa ab 17, So ab 11 Uhr, Hauptgericht um 20 €

Schlemmen im Kloster
Klosterschenke Weltenburg

Klosterspezialitäten wie der im Allgäu produzierte Klosterkäse oder Lamm und Spanferkel aus nachhaltiger Zucht schmecken im schmucken Biergarten im barocken Innenhof am besten zu frisch gebrautem Klosterbier.

Asamstr. 32, 93309 Kelheim, im Kloster Weltenburg (📖 Karte 3, A 2), T 09441 67 57 10, www.klosterschenke-weltenburg.de, Mitte März–Mitte Dez. tgl. 8–19 Uhr, Hauptgericht um 11 €

Bio & regional & Design
Landgasthof Meier

Ohne die beiden Golfplätze in unmittelbarer Nähe hätte sich Restaurantchef Michael Meier sicherlich nicht so mutig in das Experiment gestürzt, einen ländlichen Traditionsgasthof in eine dunkle Designoase zu verwandeln. Erstmal gewöhnungsbedürftig, aber spannend, ebenso wie die Küche, die von Michelin über Gault & Millau bis zu Slow Food Wohlwollen erntet. Fleisch vom Nachbarn, Gemüse aus dem Garten und vom eigenen Acker, möglichst alles bio (selbst das Bier von Lammsbräu), dazu großes Kochtalent, und das Ergebnis schmeckt einfach nur ausgezeichnet. Sie werden begeistert sein! Um auch die fein austarierte Weinbegleitung genießen zu können, buchen Sie am besten eines der schicken Gästezimmer.

Hilzhofen 18, 92367 Pilsach, T 09186 237, www.landgasthof-meier.de, Mi–So 10–24 Uhr, DZ um 160 €, Hauptgericht um 25 €

ZUM SELBST ENTDECKEN

Die gesamte Regensburger Altstadt ist ein einziges großes Einkaufsparadies. Deshalb kann ich Ihnen gar keine besonderen Tipps für Shoppingareale geben. Höchstens diesen, dass Läden im Viertel westlich des Haidplatzes, der ›Westnerwacht‹, eher unterrepräsentiert sind, dieser Teil ist Wohngebiet. Die eher alternativen Läden haben im **Obermünsterviertel** (► S. 64) ihr Biotop gefunden. Darüber hinaus gilt: Egal wo Sie langlaufen, Geschäfte finden sich überall. Und da so gut wie jeder Laden in Regensburgs Altstadt historische Räumlichkeiten nutzt, die teils noch aus dem Mittelalter stammen, gehen Einkaufen und Sightseeing oft Hand in Hand.

Von traditionell bis hip

Was fürs Essen und Ausgehen gilt, trifft auch für das Einkaufen in Regensburg zu: In der Altstadt stoßen Sie auf Schritt und Tritt auf interessante Geschäfte, seien es nun Traditionsbetriebe wie der Bürsten Ernst oder Hutkönig (s. auch S. 39), junge, hippe Läden und Showrooms wie Record Store oder Brenner Cycles, Trachtenläden, Geschenkeshops, Teehäuser oder Gewürzspezialisten.

Sie können sich getrost einfach treiben lassen und werden auf jeden Fall fündig. Die kleineren Geschäfte haben allerdings etwas eingeschränkte Öffnungszeiten: Unter der Woche geht es meist nicht vor 9.30 Uhr los und spätestens um 19 Uhr ist Schluss; am Samstag bleiben die Läden selten länger als bis 16 Uhr geöffnet.

Abgesehen von einigen kulinarischen Leckerbissen wie Händlmaier-Senf, verschiedenen lokalen Bieren, Schweinsbratwürsten und dem Weichser Rettich gibt es keine typischen Regensburger Erzeugnisse. Dank alter kultureller und Handelsbeziehungen sind allerdings zwei Kunsthandwerkszweige in Regensburger Geschäften prominent vertreten: Objekte von Glaskünstlern aus dem Bayerischen Wald (www.glasstrasse.de) finden Sie in mehreren Läden mit Kunsthandwerk, ebenso Bunzlauer Keramik aus dem niederschlesischen Boleslawiec. Die Keramikbecher, -schalen, -kännchen und -teller in ihrem charakteristischen, blauweiß gehaltenen und mit Punkten und Kringeln versehenen Design sind ein hübsches Souvenir.

Typisch Regensburg? Nicht unbedingt, aber typisch für die weitverzweigten Handelsbeziehungen, die in diesem Fall bis Polen reichen.

MUSIK

Kostenlose Werbung
Shadilac 🛍 Karte 2, F 4

Seit 1987 führt Franz Reinhardt seinen Plattenladen Shadilac in der Altstadt und schon immer war das hier eine Institution für Freunde von Vinyl und Rockmusik. In die Schlagzeilen geriet der Laden, als der volltrunkene Rockstar Pete Doherty (»Babyshambles«, »The Libertines«) im Jahr 2011 zusammen mit dem Schauspieler August Diehl nachts die Schaufensterscheibe einschlug und eine Gitarre klaute, die er dann ein paar Gassen weiter liegen ließ. Für Reinhardt war das eine unbezahlbare Werbung; Zeitungen weltweit berichteten über die Eskapade des mit solchen ›Ausfällen‹ nicht geizenden Rockstars. Reinhardt hätte diese Art von Reklame eigentlich gar nicht nötig, denn der Mann ist ein wandelndes Rocklexikon und seine Beratung bei echten Vinylfans hochgeschätzt.

Kramgasse 1, T 0941 535 12, auf Facebook, Mo–Sa 12–18 Uhr

Vinyl und CDs
Record Store am Ostentor 🛍 H 5

Nur 20 m² klein, aber vollgestopft mit ausgesuchten Platten und CDs, die Fans von Metal, Punk, Grunge und Hip-Hop glücklich machen. Der gelernte Altenpfleger Winni Scharf hat sich mit dem winzigen Laden, der in Regensburg längst Kult ist, einen Traum erfüllt. Über 1000 Scheiben aller Musikrichtungen lagern in seinen Regalen und Boxen. Nach neuem Material stöbert der Vinyl-Fan auf Flohmärkten und bei Wohnungsauflösungen. Und natürlich kauft er auch Platten auf.

Ostengasse 15, kein T, www.regensburg-vinyl. blogspot.de, Linie 30, 77, Haltestelle Ostengasse, Mo–Fr 12–18, Sa 11–16 Uhr

DELIKATESSEN UND LEBENSMITTEL

Aromatisches aus aller Welt
Gewürz Depot 🛍 Karte 2, E 5

Der sympathische, nach Aromen aus aller Welt duftende Laden ist eine gute Alternative zum Schuhbeck-Gewürzshop ein paar Straßen weiter. Die Gewürzmischungen bereiten die Eigentümer fast alle selbst zu.

Hinter der Grieb 3, T 0941 58 61 25 71, www.gewuerz-depot.de, Altstadtbus-Haltestelle Altes Rathaus

Regensburger Kindl
Händlmaier's 🛍 Karte 2, E 5

1914 erfand Johanna Händlmaier zu den Würsten, die ihr Mann in seiner Metzgerei in der Gesandtenstraße herstellte, den ›süßen Hausmachersenf‹. Händelmaier-Senf gilt seither in Bayern als der Weißwurstsenf schlechthin. Das Familienunternehmen verkauft mittlerweile eine Reihe anderer Senfsorten und auch Meerrettich auf den Markt gebracht, die u. a. in diesem Laden verkauft werden.

Hinter der Grieb 2, T 0941 58 61 22 35, www.haendlmaier-shop.de, Altstadtbus-Haltestelle Haidplatz

Schokoladiges im Kaffee Schokoladl

Von Zartbitter bis Trüffel
Kaffee Schokoladl 🛍 E 4

Feine Kaffee- und Schokoladenspezialitäten, Tartes und Vollkornsandwiches, entweder zum Verkosten im Café oder zum Mitnehmen.

Haidplatz 5, T 0941 298 65 98, auf Facebook, Altstadtbus-Haltestelle Haidplatz, Mo–Sa 10–17.30 Uhr

Schick und Geschmack
Markthalle Regensburg
🛍 Karte 2, G 5

Ökobrot, frisch gebackene Tartes, aromatischer Kaffee, feines Gemüse und

BAUERNMÄRKTE

Für regionale Produkte hat Regensburg noch zwei besondere Termine bzw. Adressen: Jeden Mittwoch und Samstag verkaufen Kartoffelbauern ihre feinen Knollen von 7 bis 12 Uhr am **Unteren Wöhrd** (Wöhrdstr. 48–54, 🏠 J 4). Nicht nur die üblichen Primura- und Nicola-Kartoffeln sind hier zu finden, sondern auch seltene und/oder alte Sorten. Und jeden Mittwoch von 8 bis 13 Uhr bringen Bauern aus der Region nicht nur selbst Angebautes, sondern auch selbst Hergestelltes wie Brot, Wurst, Käse und Honig nach **Stadtamhof** (an der gleichnamigen Straße Stadtamhof, 🏠 F 2).

Obst aus der Region, leckere Mittagsgerichte und eine Kochschule, die regelmäßig mit Events für Unterhaltung sorgt – in der Markthalle kann man bummeln, riechen, kosten, kaufen und einen gemütlichen Vormittag verbringen.
Dachauplatz, T 0941 461 58 00, www.markthalle-regensburg.de, Altstadtbus-Haltestelle Dachauplatz, Mo–Sa 10–19.30 Uhr

Knusprig
Bäckerei Schwarzer 🏠 Karte 2, E 5
Hier werden die berühmten Schwarzer Kipferl gebacken, die unverzichtbare Hülle für ein Knacker- oder ein Bratwurstkipferl.
Obere Bachgasse 7, T 0941 575 57, www.schwarzer-kipferl.de, Altstadtbus-Haltestelle Neupfarrplatz, Mo–Fr 8–18, Sa 5.30–14 Uhr

Das Tee-Paradies
Teehaus Bachfischer 🏠 Karte 2, G 5
Über 300 Teesorten, selbst importiert und gemischt – hier bleibt kein Kundenwunsch unerfüllt. Wenn Sie Tee verschenken möchten, wählen Sie unter Kategorien wie ›Für Denker und Kreative‹ oder ›Entspannende Momente‹. Aber auch ohne dieses Hilfsmittel: Die Berater sind hochkompetent und wissen auf jede Frage eine Antwort.

Kapellengasse 6/Schwarze Bärenstraße, T 0941 519 26, www.teehaus-bachfischer.de, Altstadtbus-Haltestelle Domplatz, Mo–Fr 9.30–18, Sa 9.30–16 Uhr

Nicht von Pappe
Schauhi 🏠 E 5
Originelle und schöne Dinge aus Papier wie Notizblöcke, Tagebücher, Kalender, Etiketten, Postkarten, Briefumschläge – kurzum alles, was ebenso formschön wie nützlich ist –, findet sich in dieser Papeterie. Dazu Stifte, Spitzer, Mäppchen … der Laden ist ein echter Hingucker.
Obere Bachgasse 19, Tel. 0941 58 61 23 50, www.schauhi.de, Altstadtbus-Haltestelle Altes Rathaus, Mo–Fr 10–18, Sa 10–16 Uhr

FLOH- UND STRASSENMÄRKTE

Aus der Region
Wochenmarkt 🏠 Karte 2, G 5
Traditionell wird der Wochenmarkt am Donaumarkt abgehalten, aber weil dort bis auf Weiteres Bauarbeiten für das Museum der Bayerischen Geschichte den Platz blockieren, sind die Händler auf den Alten Kornmarkt umgezogen. Hier bekommen Sie regionale Lebensmittel, von Obst und Gemüse über Käse und Würste bis hin zu Honig und Blumen.
Alter Kornmarkt, Altstadtbus-Haltestelle Domplatz, Sa 5–13 Uhr

Drei Tage feilschen
Dultplatz-Flohmarkt 🏠 D 2
Drei Tage Mitte Juni steht der Regensburger Dultplatz im Zeichen von Händlern und Käufern. Ein Marathon für Flohmarktfans!
Dultplatz, Am Europakanal, Stadtamhof, www.arche-nova-flohmarkt.de, Linie 17, Haltestelle Dultplatz

GESCHENKE, DESIGN, KURIOSES

Engel im Dutzend
Alleluja 🏠 Karte 2, F 4
Die Künstlerin Andrea Zrenner hat sich dem Motiv des Engels verschrieben. Ob gemalt, modelliert oder als Schmuck-

Von den Glashütten des Bayerischen Waldes in die Regensburger Boutiquen: Solche Glasobjekte sind ein ganz besonderes Souvenir.

stück – in ihrem Engelladen finden Sie ihre eigenen Werke und solche anderer Engel-Kreativer.

Brückstr. 4, T 0941 465 92 22, www.andrea zrenner.com, Linie 1, 6, 11, Haltestelle Thundorfer Straße, Mo–Fr 11–18, Sa 11–16 Uhr

Glaskunst und Blumen
Durch die Blume 🛍 Karte 2, F 4
Die Blumenarrangements sprechen für sich – hier sind florale Künstler am Werk! Die erste Etage ist der Glaskunst aus dem Bayerischen Wald gewidmet, da können Sie faszinierende Objekte von Kreativen der ›Glasstraße‹ entdecken!

Drei-Mohren-Str. 13, T 0941 46 37 01 69, www.durch-die-blume.com, Mo–Fr 10–18, Sa 10–14 Uhr

Frankreich zu Gast
L'Étagère 🛍 Karte 2, E/F 5
Dieser Laden ist die personifizierte Verführung, eine Art Ali-Baba-Höhle der schönsten, besten und kostbarsten Produkte aus Frankreich, angefangen bei Geschenkpapier und Stoffen über Geschirr, Pfannen, Körperpflege und ausgesuchte Kosmetik bis hin zu Lebensmitteln.

Wahlenstr. 16, T 0941 599 82 98, www.etagere-regensburg.de, Altstadtbus-Haltestelle Altes Rathaus, Mo–Fr 10–19, Sa bis 18 Uhr

Grüner Concept Store
Ludwig 3 🛍 D 4
Fairtrade, Nachhaltigkeit und Ökologie sind der gemeinsame Nenner, der dem Sortiment aus Schuhen, Kleidung, Accessoires, Naturkosmetik und Büchern zugrunde liegt. Hier stöbert es sich mit gutem Gewissen und die ›grünen‹ Artikel

---

DESIGN MUSS SEIN

Der **Dilly Dally Designmarkt,** eine Art Messe der Kreativen, funktioniert wie ein Pop-up-Store, findet also an unterschiedlichen Locations statt. Schmuckdesigner, Modemacher und alle, die in Regensburg und der weiteren Region etwas Besonderes herstellen und zeigen möchten, präsentieren ihre Kreationen mehrmals im Jahr. Das Kultlokal **Sticky Fingers** (▶ S. 96) sorgt in der Designkantine fürs leibliche Wohl. Wann und wo genau, verrät die Website www.dillydally.events/.

sind wunderschön. P. S.: natürlich in ursprünglich romanischen Mauern!
Ludwigstr. 3, T 0941 599 97 07, www.ludwig3.de, Altstadtbus-Haltestelle Haidplatz, Mo–Fr 10–18.30, Sa bis 18 Uhr

Verspielt von Kitsch bis Kunst
Pompadour Karte 2, E 4
Auch hier können Sie in einem faszinierenden Sammelsurium aus Möbeln, Nippes, Vasen, Schalen und Duftkerzen stöbern und dabei einen Kaffee trinken – Pompadour versteht sich als Laden mit Café. Und die historischen Räume samt Innenhof sind ein Traum!
Rote-Hahnen-Gasse 1a, T 0941 58 40 28 84, www.misspompadour.de, Altstadtbus-Haltestelle Haidplatz, Di–Sa 10.30–18.30 Uhr

Puppenstube
Regensburger Tändlerei
Karte 2, F 4
Am tollsten finde ich hier die Puppenstubenmöbel, -geschirr und -accessoires. Darüber hinaus verkauft die Tändlerei Bunzlauer Geschirr, diverse Souvenirs, Zinnfiguren sowie historische Puppen und Stofftiere.
Tändlergasse 5 und 8, T 0941 504 19 90, www.regensburger-taendlerei.de, Altstadtbus-Haltestelle Neupfarrplatz, Di–Sa 10.30–18 Uhr

Sie müssen ja nicht gleich in Tracht heiraten. Ein hübsches Dirndl oder eine zünftige Krachlederne kommen auch sonst gut an.

Souvenirs, Souvenirs
Regensburger Wundertüte
Karte 2, F 4
Von Spieluhren über Honig bis hin zu Regensburg-T-Shirts gibt es in diesem Laden ein wirklich buntes Sammelsurium an Mitbringseln für die Lieben daheim.
Goldene-Bären-Str. 12, T 0941 587 14, www.regensburger-wundertuete.de, Linie 1, 6, 11, Haltestelle Thundorfer Straße, Mo–Fr 10–19, Sa 10–18 Uhr

So schön puristisch
Frida Karte 2, E 5
Schmuck, Möbel, Accessoires, Kinderzeug, Kunstpostkarten etc. etc. Bei Frida brauchen Sie viel Zeit zum Stöbern, weil sie einfach wunderschöne ausgewählte Sachen verschiedenster Designer und aus den unterschiedlichsten Ländern führt – nicht umsonst nennt sich Frida *the slow retail store*. Mein Liebling: das DJ-Mischpult im Taschenformat.
Rote-Hahnen-Gasse 1a, T 0941 28 09 63 02, www.allesfrida.com, Di–Sa 10.30–18.30 Uhr

MODE, ACCESSOIRES

Im Trachten-Himmel
Gössl Karte 2, E 4
Tracht muss sein, auch in Regensburg. Gössls Stammhaus steht zwar in Salzburg, aber die Dirndl, Janker und Hirschledernen könnten auch genauso gut aus Bayern stammen. Toll ist die gute Mischung aus Tradition und modischen Details. Deshalb etwas für Jung und Alt.
Neue Waaggasse 2, T 0941 448 02 77, www.goessl.com, Altstadtbus-Haltestelle Altes Rathaus, Mo–Fr 10–18, Sa bis 16 Uhr

Schuhe mit Tradition
Karl Brosi Schuh-Hand-Werk F 3
In der vierten Generation werden hier feine, hochqualitative Schuhe von Hand gefertigt – ein teures und lang anhaltendes Vergnügen!
Am Brückenfuß 5, T 0941 821 13, www.schuh-hand-werk.de, Mo–Fr 8–13, 14–18, Sa 9–13.30 Uhr

Sehr geehrte Damen und Herren,

anbei übersenden wir Ihnen Ihren ausgewählten Reiseführer im Namen Ihres Reiseveranstalters. Wir wünschen Ihnen viel Vergnügen mit Ihrer Reiseliteratur.

Für Rückfragen zu Ihrem Reiseführer wenden Sie sich bitte ausschließlich an uns.

Parkteam AG
Gewerbering-Nord 19
D-97359 Schwarzach am Main
Tel.: ++49 9324 - 981 23 10
(Montags – Freitags von 9 – 12 Uhr)
e-Mail: logistik@parkteam.de

Schuhe aus eigener und ähnlich hochwertiger fremder Produktion – im Schuh-Hand-Werk ist der Name Programm.

··

SCHMUCK

··

Schmuckstücke
Goldschmiede Crusius

🔲 Karte 2, F 5

Seit 1991 arbeitet Heike Crusius in ihrer eigenen Werkstatt. Für ihre Schmuck-stücke verwendet sie auch ungewöhn-lichere Steine wie Citrin und dreht Weißgold zu filigranen Geflechten. Ihren Preis sind die Stücke wert.

Pfarrergasse 8, T 0941 518 97, www.goldschmie de-crusius.de, Altstadtbus-Haltestelle Neupfarr-platz, Di–Fr 10–13, 14–18, Sa 10–14 Uhr

Puristisch
Dänische Werkstattgalerie

🔲 Karte 2, E 5

Schmuckkunst mit skandinavischem Understatement – wunderschöne, zeit-los-moderne Arbeiten! Auch Kurse.

Obere Bachgasse 11, T 0941 56 54 23, www.daenische-werkstattgalerie.de, Altstadt-bus-Haltestelle Gutenbergplatz, Mo 14–18, Di–Fr 10–13, 14–18, Sa 10–14 Uhr

REGENSBURGER ORIGINALE

Nein, nicht was Sie vielleicht denken, also nichts Bajuwarisches, kreieren die jungen Künstler, die ihren gemeinsamen Laden **Hantwerck** nennen, sondern wun-derschöne Stücke aus Stein, Ton, Glas und Holz. Das sind z. B. feine Schälchen in Türkis, Rosé oder Gelb mit einem zarten Goldrand. Oder filigrane Glasschalen, geformt wie Blätter. Nichts wie hin: Weißgerber-graben 9, 🔲 D 4, T 38 22 55 28, www.hantwerck.de, Di–Fr 11–13, 14–18, Sa 11–15 Uhr.

Feiern in Parkgaragen

Gefühlt jedes zweite Altstadthaus ist eine Kneipe, jedes dritte ein Club. Doch der einen Freud ist der anderen Leid: Die Proteste lärm- und abfallgeplagter Anwohner gegen die Feierwütigen häufen sich und so erschien Folgendes als ideale Lösung aller Probleme: Die besten Techno- und Dance-Clubs der Stadt zogen gemeinsam in die Kellergewölbe unter der Parkgarage am Petersweg. Super Idee! Aber Ruhe kehrte dadurch immer noch nicht ein, denn die Leute kommen und gehen, glühen vor, stehen an. Ein an sich ruhiges Wohnviertel (Obermünster) mutierte so zur Partymeile.

Bei all dem Techno und Indie darf man nicht vergessen: Besonders lebendig ist die Regensburger Jazzszene. Sie besitzt mit dem Jazzclub im Leeren Beutel ein attraktives Livelokal und mit dem Bayerischen Jazzweekend ein beliebtes und viel besuchtes Festival (4 Tage, 2. Juliwochenende).

Eine Livebühne, die teils sogar täglich bespielt wird, ist die Alte Mälzerei. Die Bandbreite reicht von Kabarett über Weltmusik bis hin zu Rock, wobei häufig bairisch Eingefärbtes textlich wie musikalisch hervorsticht.

Das einzige ›offizielle‹ Gay-Lokal Regensburgs, das Jeans, schloss Ende 2016 seine Pforten. Die Szene trifft sich in anderen Kneipen und bei Gay-Events, u. a. im Scala und im Mischwerk. Wo und wann genau, recherchieren Mann und Frau besser aktuell auf den Webseiten der Szene, so etwa auf www.gay-regensburg.de.

ZUM SELBST ENTDECKEN

Kneipe an Kneipe – in der Altstadt herrscht kein Mangel an Ausgehmöglichkeiten. Auffällig viele Lokale ballen sich im Umfeld der Rote-Hahnen-Gasse bis hin zur Pustet-Passage. Einen weiteren Hotspot bildet die **Parkgarage am Petersweg**, in deren Kellergeschossen die Technoszene tanzt. Auch an der Regensburger Uni wird lebhaft gefeiert, und das nicht nur zum mittlerweile legendären **Campus-Sommerfest**, das regelmäßig im Juni auf der Wiese zwischen Uni und Hochschule mit DJs und Livebands Tausende zum Tanzen bringt. Als Veranstaltungsort für diverse Themen- oder Fachschaftspartys sind außerdem die Uni-Mensa, die alte Mälzerei oder das Scala sehr beliebt. Infos zu den Uni-Festen auf www.campus-regensburg.org oder auf www.kult.de.

Der Jazz ist in Regensburg zu Hause – dem Leeren Beutel und vielen Enthusiasten sei Dank.

BARS UND KNEIPEN

Hawaii in Regensburg
0941Beach ☼ K 5

Sand und Liegestühle am Donauufer, dazu noch ein Pool und eine Bar, in der es Salate, Pommes, Hamburger und Pizza gegen den Hunger sowie bunte Drinks für die ausgelassene Stimmung gibt. Die sommerliche Party-Location ist auch unter dem Namen Strand:Bad bekannt.

Donaulände 21, T 0176 67 82 32 98, auf Facebook, Linie 10, Haltestelle Weißenburgstraße, Juni–Okt., Mo–Fr 11–23, Sa, So 11–24 Uhr

Angesagter Oldie
Alte Filmbühne ☼ Karte 2, F 4

Seit 35 Jahren eine Regensburger Institution! Manch ein Student meint, seit der Zwangsumsiedelung weg aus der "Hinter die Grieb"-Gasse hätte die Bar an Charme verloren. Dabei kann man dort immer noch gut zu entspanntem Soul bis Elektro die Nacht beginnen.

Taubengässchen 2, T 0941 579 26, www.filmbuehne.com, Altstadtbus-Haltestelle Altes Rathaus, tgl. ab 20.15 Uhr

Rustikales Studentenflair
Apotheke ☼ Karte 2, E 5

Hier trifft man immer Leute; die Atmosphäre ist ungezwungen, die Getränke sind preiswert, die Musik ist alternativ angehaucht und der Service nett. Ideal zum Abhängen, Quatschen und Kostenlos-Erdnüsse-Verdrücken.

Rote-Hahnen-Gasse 8, T 0941 584 39 99, Altstadtbus-Haltestelle Haidplatz, Mo–Do 10–1, Fr, Sa 10–2, So 18–1 Uhr

Kugeln und Pfeile
Billard Central ☼ Karte 2, E 5

Keine Ablenkung – im Billard Central geht es an vier Poolbillard-Turniertischen und beim Dart ausschließlich ums Spielen. Und ein bisschen auch um die wirklich gut gemixten Drinks. Gelegentlich gibt's auch Billard-Marathons.

Rote-Hahnen-Gasse 8, T 0941 599 98 07, www.billard-central.de, Altstadtbus-Haltestelle Haidplatz, tgl. 19–2 Uhr

Bier bis zum Abwinken
Birretta Bier Bar ☼ H 5

Über 100 verschiedene Bierspezialitäten, etablierte und Craft-Biere, schäumen im Wechsel aus den Zapfhähnen dieses in Kellergewöben untergebrachten Biertempels. Gelegentlich stehen Verkostungen, Craft-Bier-Präsentationen, DJ-Events oder Livemusik auf dem Programm.

Ostengasse 13, T 0941 89 96 18 36, www.birretta-bierbar.de, Di–Sa 17–1 Uhr

Kult und kein Fußball
Büro ☼ Karte 2, E 4

Hier trifft sich das Fußballvolk zu Liveübertragungen ... HALT! Das Büro überträgt nicht mehr, aus Protest gegen die hohen Gebühren, die Sky dafür verlangt. Deshalb spielt man jetzt selbst am Kicker oder am Brettspiel. Ab und an treten Livebands auf. Ausgeschenkt wird Osser-Bier aus dem Bayerischen Wald, und weil es nur Brezeln, Nachos und Schokoriegel zu essen gibt, dürfen die Gäste ihre eigenen Speisen mitbringen!

Keplerstr. 15, T 0941 567 62 04, www.bueroregensburg.de, Linien 1, 6, 11, Haltestelle Thundorfer Straße, So–Mi 20–1, Do–Sa 20–2 Uhr

Das Café nebenan
Café Lila ☼ Karte 2, E 4
▶ S. 45

Rote-Hahnen-Gasse 2, T 0941 555 52, www.café-lila.de, So–Do 8–1, Fr, Sa 8–2 Uhr

Abwechselnd Kaffee und Cocktails
Barock Bar ☼ Karte 2, F 4

Mit warmen Holztönen, Stein und ein paar barocken Schnörkeln haben Anika Kolb und Richard Söldner ihre Lounge-Bar gegenüber dem Dom ausgestaltet, in der sich die hohe Kunst des Cocktailmixens vor allem um die Verarbeitung einer Zutat dreht, des Kult-Wodkas Vodrock. Und damit die schönen hochgotischen Gewölbe tagsüber nicht ungenutzt leer stehen, haben sie sie den Profiröstern von Primo Espresso überlassen, die das historische Ambiente mit Bio-Lattes, Snacks und Kuchen bespielen. Also etwas für jeden Geschmack!

Nach dem Film ist vor dem Film – in der Kinokneipe am Ostentor debattieren die Cineasten.

Krauterermarkt 2, T 0941 20 90 25 04, http://barock-bar.com, Altstadtbus-Haltestelle Domplatz, tgl. 8.30–2 Uhr

Schick konsumieren
Marple and Stringer ⚙ D 5
Hier bekommt die picknickende und feiernde Partygemeinde am Bismarckplatz Nachschub wie Bier, Pastrami, Pulled Pork und Cocktails. Drinnen ist das Angebot ähnlich lifegestylt, aber umfangreicher. Eines aber ist es auf jeden Fall: deutlich teurer als das gute alte Eck, das an dieser Stelle viele Jahre lang die Nachtschwärmer mit unaufgeregten Pommes und Hamburgern versorgte.
Bismarckplatz 4, T 0941 20 90 44 39, www.marple-and-stringer.de, Altstadtbus-Haltestelle Bismarckplatz, Mo–Sa 17–2, So 10–2 Uhr

American Bar
Hemingway's ⚙ Karte 2, E 5
Wo hat man schon die Möglichkeit, in einer Kapelle aus dem 19. Jh. zwischen schwarzem Marmor und dunklem Holz ausgelassen zu feiern, z. B. beim ›Eierschaukeln‹ an Ostern? Das Hemingway's zielt auf leichte Unterhaltung, die mit guten Drinks beflügelt wird. Es gibt auch Essen und Frühstück bis 15 Uhr. Und im Sommer Tische im Freien.
Obere Bachgasse 3–5, T 0941 56 15 06, www.hemingways.de, Altstadtbus-Haltestelle Gutenbergplatz, So–Do 9–1, Fr, Sa 9–2 Uhr

Seit Generationen
Hinterhaus ⚙ Karte 2, E 4
Gefühlt gibt es das Hinterhaus schon immer. Generationen von Studenten haben hier ihr Bierchen getrunken und gelegentliche Livekonzerte beklatscht. Dunkles Holz, unverputzte Wände, rustikale Tische, lockere Kneipenatmosphäre – da fehlt es an nichts für einen gemütlichen Abend.
Rote-Hahnen-Gasse 2, T 0941 599 81 34, www.hinterhaus-regensburg.de, Altstadtbus-Haltestelle Haidplatz, tgl. 18–2 Uhr

Mexican Bar
Jalapeños ⚙ D 5
Was ist wichtiger: das scharf gewürzte mexikanische Essen, das keinen Tex-Mex-Standard auslässt und zudem in italienischen Pasta-Gefilden räubert? Die flott gemixten und mit viel Charme servierten

Cocktails? Der weitläufige Garten für laue Sommernächte? Oder die Freitagspartys, bei denen am Ende (fast) alle auf den Tischen tanzen? Das Jala – ein Muss!

Schottenstr. 4, T 0941 567 40 40, www.jala penos-regensburg.de, Altstadtbus-Haltestelle Bismarckplatz, tgl. 17–1 Uhr

Cineasten-Treff
Kinokneipe im Ostentor ☼ J 5

Das Lokal hinter dem Ostentor-Kino hat stolze 40 Jahre Geschichte auf dem Buckel, in denen zu Filmfestivals manch ein Star in den schummrigen Laden mit langer Theke und zahllosen Autogrammkarten und Filmplakaten an den Wänden geschaut hat. Bei schönem Wetter sitzen die Gäste gerne auch im Biergarten und schauen den Boule-Spielern zu.

Adolf-Schmetzer-Str. 5, T 0941 79 19 74, www.kinokneipe.de, Linie 10, 77, Haltestelle Ostengasse, So–Mi 17–2, Do–Sa 17–3 Uhr

Iren sind menschlich
Murphy's Law Irish Pub
☼ Karte 2, E 5

Dieser urgemütliche Pub ist bei den Regensburgern richtig in. Vielleicht, weil sie anstelle von Regensburger Karmelitengeist hier zwischen 40 Whiskeysorten wählen können? Oder aber einmal auf ihr Kneitinger verzichten und stattdessen auf einen irischen Gerstensaft ausweichen dürfen? Wahrscheinlich machen's die Herzlichkeit und die köstlichen Knoblauchbaguettes.

Spiegelgasse 6, T 0941 532 95, www.murphys law-regensburg.de, Altstadtbus-Haltestelle Gutenbergplatz, So–Mi 18–1, Do–Sa 18–2 Uhr

Spieglein, Spieglein, an der Wand
Pony ☼ Karte 2, E 5

Das Pony beginnt als nette Kneipe und verwandelt sich zu vorgerückter Stunde (und mit entsprechendem Alkoholpegel) in einen heißen Club, der vor allem jüngere Partygänger anzieht. Möchtegern-Schickis schauen ebenfalls gerne in der kleinen Bar vorbei.

Obere Bachgasse 8, T 0941 56 56 83, http://pony-regensburg.de, Altstadtbus-Haltestelle Neupfarrplatz, Di–Sa 21–2 Uhr

Im Taka-Tuka-Club
Tiki Beat Bar & Club ☼ D 4

Das Logo des angenehm schummrigen Clubs sieht tatsächlich ein bisschen nach Pippi Langstrumpf aus, aber drinnen geht's dann eher um gute Drinks und gute Musik, bevorzugt Rockabilly, Indie, Ska – live oder vom DJ-Pult.

Arnulfsplatz 4, T 0941 93 08 17 58, www.tikibeat.de, Altstadtbus-Haltestelle Arnulfsplatz, Di–Sa 20–1 Uhr

TANZEN

Indie-Wohnzimmer
Heimat ☼ E 4

Der beliebte Club setzt auf einen in Regensburger Clubs sonst selten gespielten Musikgeschmack (Indie, gerne auch live), auf den Hang zum Fußball (Kicker, Bundesligaübertragungen) und auf lässige Atmosphäre.

Am Römling 9, T 0941 26 06 38 81, www.heimat-rgb.de, Linien 1, 6, 11, Haltestelle Thundorfer Straße, Di–Sa 20–2 Uhr

---

FRAUEN MÜSSEN DRAUSSEN BLEIBEN

Tagsüber ist das **Bader36** ein hipper Salon, in dem sich topgestylte Coiffeure um des Kunden Haarpracht und den Hipsterbart kümmern. Jeden Mittwoch und Freitag von 18 bis 22 Uhr wird's noch eine Spur männlicher, denn dann heißt es ›einekemma, drokemma, Weiba miassn draußn bleim, fürn Durscht gibt's a Bier‹, was übersetzt sagen möchte: ›nur für Männer‹. Und weil Pflege mit Bier, aber ohne Frauen dann doch langweilig ist, laden sich die Herren der Schöpfung einmal im Monat eine Band ein, das vom Regensburger Videokollektiv 8TrackSessions gefilmt wird. Keine 0815-Band, sondern coole Leute wie die Country Dudes (☼ Karte 2, E 5, 8TrackSessions meets Bader36, Blaue-Stern-Gasse 1, www.laufsteg36.de).

Vom Dom in den Club
SUDclub ☼ Karte 2, F 5
Direkt gegenüber dem Dom geht die
Post ab bei diversen Motto-Partys und
Musik zwischen Hip-Hop und Elektro.
Im SUDclub ist musikalisch wie vom
Publikum her eher der Mainstream zu
Hause.
Domplatz 3, T 0941 519 46, www.sudclub.de,
Altstadtbus-Haltestelle Domplatz, Do–Sa ab
23 Uhr

ARTHOUSE UND CINEMAXX

Neben dem **CinemaxX** (☼ G 8,
Friedenstr. 25, 8 Säle, www.cine
maxx.de, Linien 5, 17, 13, 18,
Haltestelle Hauptbahnhof) können
mehrere Filmkunsthäuser ihre
Position behaupten: In den beiden
Kinos **Garbo** in der Altstadt (☼ D 4,
Weißgerbergraben 11, T 0941
575 86, www.altstadtkinos.de,
Altstadtbus-Haltestelle Arnulfsplatz)
und **Ostentor** (☼ J 5, Adolf-Schmel-
zer-Str. 5, T 0941 79 19 74, www.
ostentorkino.de, Linie 10, 77, Haltestelle Ostengasse) laufen natürlich
auch Blockbuster, daneben aber auch
anspruchsvolles Programmkino und
Filme im Original mit Untertiteln.
Keine größeren Zugeständnisse an
den breiten Publikumsgeschmack
macht die **Filmgalerie im Leeren
Beutel** (☼ H 5, Bertoldstr. 9, T 0941
298 45 63, www.filmgalerie.de,
Altstadtbus-Haltestelle Dachauplatz). Hier bekommen Zuschauer
Filme zu sehen, die in den großen
Kinos bestenfalls im Nachtpro-
gramm laufen oder nach kurzer
Zeit abgesetzt würden. Daneben
gibt es ein Kinderprogramm. Die
Filmgalerie ist auch Ausrichter der
Regensburger Kurzfilmwochen. Ein
ähnliches Programm zeigen die
Kinos im Andreasstadel (☼ G 3,
Andreasstr. 28, T 0941 890 58 10,
www.kuenstlerhaus-andreasstadel.
de), in denen häufig auch Dokumen-
tarfilme zu sehen sind.

LIVEMUSIK

Täglich live
Alte Mälzerei ☼ südl. G 8
1979 gründeten zwei Münchner
Studienabbrecher den ersten Liveclub in
Regensburg. Die Vorgabe lautete, täglich
ein Programm auf die Beine zu stellen
– ein ambitioniertes Vorhaben. Doch es
hat geklappt und ein Vierteljahrhundert
später gilt die Alte Mälzerei als eine der
besten Live-Locations in Bayern. Das
Programm läuft weiterhin, jeden Tag live
von Jazz über Folk und Rock bis Hip-Hop,
dazu Lesungen, Poetry Slams …
Galgenbergstr. 20, T 0941 78 88 10, www.alte-
maelzerei.de, Linie 6, Haltestelle Galgenberg

Ehrlicher Rock
Jag deine Eltern nicht vom Hof
☼ Karte 2, F 4
Der kleine Liveclub an der Steinernen
Brücke überrascht immer wieder mit
spannenden Bands und Solokünstlern.
Eine Entdeckung abseits des Main-
streams.
Goldene-Bären-Str. 10, T 0941 60 01 59 30,
auf Facebook, Linie 1, Haltestelle Thundorfer
Straße, tgl. ab 20 Uhr

Irland musiziert
Irish Harp ☼ Karte 2, F 4
Nicht jeden Abend, aber doch ziemlich
regelmäßig treten hier irische Musiker
auf. Das füllt den Pub schnell bis auf
den letzten Platz und die Stimmung
schäumt über wie das Guinness.
Brückstr. 1, T 0941 572 68, Linie 1, 6, 11,
Haltestelle Thundorfer Straße, Mo–Do 18–1, Fr,
Sa 16–2, So 16–1 Uhr

Klassiker der Blue Notes
**Jazzclub Regensburg im Leeren
Beutel** ☼ H 5
Jazz vom Feinsten und aus allen Stilrich-
tungen live auf der Bühne – der Jazzclub
ist Regensburgs einzige ausschließliche
Jazzbühne und auch für alle neuen Stil-
richtungen wie Drum 'n' Bass offen.
Bertoldstr. 9, T 0941 56 33 75, www.jazzclub-
regensburg.de, Altstadtbus-Haltestelle Dachauplatz, Konzerttermine ▶ Website

THEATER IN REGENSBURG

Das **Theater Regensburg** deckt die Sparten Musiktheater, Schauspiel, Junges Theater (worunter man auch Kindertheater subsumiert), Tanz und Konzerte an verschiedenen Spielstätten ab. Intendant Jens Neundorff von Enzberg begeistert mit modernen, wagemutigen Inszenierungen und auch der eher klassisch verwurzelte Tanz spürt durch Ballettchef Yuki Mori frischen Wind, so etwa in der Reihe TanzFabrik. Das Programm finden Sie auf www.theater-regensburg.de, wo Sie Tickets online reservieren bzw. kaufen können; telefonische Ticketbestellungen unter T 0941 507 24 24.

Im klassizistischen **Theater am Bismarckplatz** (✿ D 5, Bismarckplatz 7, Altstadtbus-Haltestelle Bismarckplatz) werden Oper, Operette, Musical, Tanz und Schauspiel aufgeführt, während der ebenfalls im Theater untergebrachte **Neuhaussaal** für Konzerte und festliche Veranstaltungen genutzt wird. Die **Probebühne** ist dem Jungen Theater vorbehalten. Das **Velodrom,** ursprünglich Ende des 19. Jh. als Radsportanlage errichtet, diente als Ausweichspielstätte während der Sanierung des Theaters und wird heute vor allem für Tanz, Musical und Schauspiel genutzt (✿ C/D 4, Arnulfsplatz 4b, Altstadtbus-Haltestelle Arnulfsplatz).

Das **Theater am Haidplatz** im Thon-Dittmer-Palais fungiert vorrangig als intime Studiobühne für junges Theater (✿ Karte 2, E 4, Haidplatz 8, Altstadtbus-Haltestelle Haidplatz). Das **Turmtheater** in der obersten Etage des Goliathhauses (▶ S. 83) widmet sich mit Komödien, Kriminalstücken und Kabarett der leichten Muse; gelegentlich finden hier auch Lesungen statt (✿ Karte 2, F 4, Watmarkt 5, T 0941 56 22 33, www.regensburgerturmtheater.de, Altstadtbus-Haltestelle Altes Rathaus).

Partys und Konzerte

Mischwerk ✿ südl. D 8
Eine mittelgroße Halle für Livekonzerte, Comedy, Kunstevents und Partys wie Ü30 hat Regensburg gerade noch gefehlt und das Mischwerk schließt die Lücke mit einem vielseitigen Programm. Merianweg 4, T 0941 64 08 66 17, www.misch werk-regensburg.de, Linie 10, Haltestelle Dr.-Gessler-Straße, Programm ▶ Website

Hin & weg

Flugzeug
Die nächstgelegenen Flughäfen befinden sich in München und Nürnberg, von dort geht es mit der Bahn nach Regensburg.

Bahn
Der Regional-Express fährt von München mehrmals tgl. direkt nach Regensburg (1,5 Std., ca. 30 €). Vom Norden oder Westen Deutschlands fahren ICE- und EC-Züge mehrmals tgl., z. B. von Frankfurt a. M. direkt oder mit Umsteigen in Nürnberg nach Regensburg (3,5 Std., Normalpreis 70 €, Sondertarife beachten). Von Norden und Osten fährt der ICE von Berlin und Leipzig nach Nürnberg, dann geht's mit dem Regional-Express weiter nach Regensburg (6 Std., Normalpreis 113 €, Sondertarife beachten, Auskunft unter Tel. 0800 150 70 90, www.bahn.de). Ab Zürich braucht man mit Umsteigen in München ca. 7 Std. (Normalpreis 140 CHF, Sondertarife beachten). Wien ist mehrmals tgl. direkt angebunden, die Fahrtzeit beträgt 3 Std. 35 Min. (Normalpreis 87 €, Sondertarife beachten).
Bahnhof: Der Regensburger Hauptbahnhof liegt am südöstlichen Rand der Altstadt, die von hier gut zu Fuß oder per Bus erreichbar ist.

Mitfahrzentrale
Kostengünstig und weniger umweltbelastend als mit dem eigenen Auto ist die Anreise mit einer Mitfahrgelegenheit, z. B. mit www.blablacar.de oder www.mitfaz.de. Die Strecke Berlin–Regensburg kostet bei www.blablacar.de ca. 25 €, Zürich–Regensburg ca. 28 €, Wien–Regensburg ca. 23 €.

Bus
Ab München gibt es mehrere Abfahrten tgl. (direkt 1 Std. 40 Min., 13 €), ab Berlin ebenfalls mehrere Abfahrten tgl.

(7 Std., 30 €; für weitere Startpunkte ► z. B. www.flixbus.de).

Parken
Wer mit dem eigenen Auto anreist, steht in der Innenstadt vor einem großen Parkproblem. Es gibt zwar mehrere Parkgaragen (Petersweg, Dachauplatz, Tiefgarage am Theater), aber die Gebühren für Langzeitparken sind recht hoch (ca. 1 €/Std.).

Regensburg Tourismus: Rathausplatz 4, T 0941 507 44 10, https://tourismus.regensburg.de, Mo–Fr 9–18, Sa 9–16, April–Okt. So 9.30–16, im Winter 9.30–14.30 Uhr, Adventssamstage 9–18 Uhr
www.kult.de: Szene, Kneipen, Musik, Neuigkeiten aus Regensburg

Die weitestgehend verkehrsberuhigte Innenstadt stellt für gehbehinderte Besucher und Rollstuhlfahrer in gewissem Sinne ein Problem dar, denn viele Gassen sind mit Kopfstein gepflastert und dadurch schwierig zu begehen oder zu befahren. Vor allem bei feuchtem oder eisigem Wetter verwandelt sich der historische Straßenbelag in eine Rutschbahn. Auch sind viele der in den mittelalterlichen Häusern untergebrachten Lokale oder Geschäfte nicht rollstuhlgeeignet. In den meisten Museen und Sehenswürdigkeiten wurden rollstuhlgerechte Zugänge eingebaut. Informationen zur Barrierefreiheit gibt es auf der Website der Touristeninformation. Dort kann man sich eine Broschüre und einen Stadtplan zum Thema herunterladen. Vor Ort sind eine Broschüre und der Stadtplan »Regensburg auf einen Blick« in der Touristeninformation kostenlos

Bei Ankunft in der Bahnhofsvorhalle die Augen nach oben: Dort hängen 32 Porträts mehr oder weniger bekannte Regensburger Persönlichkeiten, die die Reisenden stellvertretend begrüßen.

erhältlich. Dort finden Rollstuhlfahrer Informationen, ob der Zugang bedingt oder voll barrierefrei ist, ob es im jeweiligen Gebäude Behindertentoiletten gibt und ob Seh- oder Hörbehindertenhilfen vorhanden sind.

SICHERHEIT UND NOTFÄLLE

Regensburg ist eine sichere Stadt, deren Kriminalstatistik einen Rückgang von Gewalt-, gleichzeitig aber die Zunahme von Eigentumsdelikten verzeichnet. No-Go-Areas oder besonders gefährliche Stadtgebiete gibt es nicht, aber natürlich gilt auch hier wie in jeder Großstadt, dass man nachts Parkanlagen oder dunkle, schlecht beleuchtete und menschenleere Gassen und Plätze besser meidet. Ebenso sollten Besucher in der Innenstadt stets auf ihre Wertgegenstände wie Handtasche, Kamera, Geldbörse achten – ein großer Teil der Diebstahlsdelikte passiert in der Altstadt. Durch die grenznahe Lage zu Tschechien spielt die Drogen- und mit ihr die Beschaffungskriminalität in den

Statistiken eine wachsende Rolle. Zu den Umschlagplätzen zählt die Region um den Hauptbahnhof.

Notrufnummern
Polizei, Feuerwehr, Rettungsdienst: T 112
Ärztlicher Bereitschaftsdienst Bayern: T 116 117
Frauennotruf: T 0941 241 71
Kreditkartensperre: T 116 116

UMWELTFREUNDLICH UNTERWEGS

Regensburgs Altstadt ist sehr kompakt, und so gut wie alle Sehenswürdigkeiten befinden sich innerhalb des Alleenrings, der die mittelalterliche Stadtmauer ersetzt hat. Im Prinzip können Sie alles zu Fuß erkunden. Hier dennoch einige Informationen zu Alternativen mit Bus oder Fahrrad.

Altstadtbus
Der Altstadtbus (Linie A) fährt in einer Art Rundkurs wichtige Punkte der Altstadt an: Vom Hauptbahnhof HBF/ Albertstraße passiert er die Halte-

stellen Am Königshof, Königsstraße, Domplatz, Altes Rathaus, Haidplatz, Arnulfsplatz. Auf dem Rückweg geht es über Bismarckplatz, Gutenbergplatz, Neupfarrplatz, Domplatz, Königsstraße, Am Königshof, HBF/Albertstraße. Er verkehrt Mo–Fr zwischen 9 und 20 Uhr, bis 19 Uhr im Zehn-Minuten-, dann im 15-Minuten-Takt. Die Busse wurden bisher mit Diesel betrieben; seit 2017 ist auch ein umweltfreundlicher Elektrobus namens ›Emil‹ im Dienst.

Busnetz

Der allgemeine Linienbusverkehr spart die Altstadt aus – abgesehen von der parallel zur Donau verlaufenden Thundorfer-, Goldene-Bären-, Kepler- und Holzländestraße. Von hier erreichen Sie in Bussen der Linien 1, 2A, 3, 4, 6, 8, 9, 11, 12, 13 und 17 so gut wie alle Regensburger Stadtteile südlich und nördlich der Donau. Nachts sind von Freitag auf Samstag und von Samstag auf Sonntag die Nachtbuslinien N1, N6, N8, N9 und N10 unterwegs. Sie verkehren stündlich von 0.30 Uhr bis

---

REGENSBURG CARD

Freie Fahrt mit den öffentlichen Verkehrsmitteln sowie ermäßigter Eintritt bei vielen Sehenswürdig- keiten: Mit der Regensburg Card kommen vor allem Vielfahrer und Familien günstig weg. Es gibt sie in einer 24- bzw. 48-Stunden-Ver- sion (9 € bzw. 17 €) sowie als Familien Card (24/48 Std.) für zwei Erwachsene und bis zu drei Kindern bis 14 Jahren (20/35 €). Rund 30 Partner bieten auf die Card eine Ermäßigung an – die Bandbreite reicht vom Regensburger Dom über städtische Museen bis hin zu Frei-Espressos und andere Freigetränke in den teilnehmenden Restaurants und Gasthäusern. Informationen zu Verkaufsstellen und Partnern gibt es auf www. stadtmarketing-regensburg.de.

4.30 Uhr ab HBF/Albertstraße. Die kostenlose RVV-App (für Android und iOS) informiert über Abfahrtszeiten und Verbindungen.

Das an Automaten erhältliche Einzel- ticket kostet 2,30 € (im Bus 2,50 €), für Kinder 1,20 €. Wer nur in der Innenstadt unterwegs ist, zahlt für einen eine Stunde gültigen Fahrschein 1,10 €; Gruppen von bis zu fünf Personen fahren für 2,50 €. Außerdem gelten die Parkscheine der Parkgaragen Arcaden, Am Theater/Bismarckplatz, Dachauplatz sowie Petersweg als Innenstadtticket für bis zu fünf Personen während der Parkdauer.

Das Tagesticket schlägt im Vorverkauf wie im Bus 4,90 € (für zwei) oder 6,90 € (für fünf Personen) zu Buche (je- weils für zwei Zonen) und gilt werktags ab 9 Uhr, Sa und So ganztags. Eigene Kinder und Enkel fahren kostenlos mit. Besitzer der Regensburg Card können den öffentlichen Nahverkehr kostenlos benutzen. Die Tarifzone 1 erstreckt sich über den Innenstadtbereich im Westen bis Prüfening, im Osten bis Schwabelweiß, nach Norden bis Regendorf und nach Süden bis Wolkering. Linienpläne und den Tarifzonenplan können Sie auf www.rvv. de herunterladen.

Radfahren

Seit einer einjährigen Testphase dürfen Radler in der verkehrsberuhig- ten Altstadt so gut wie alle Wege benutzen, wenn sie sich an die Regeln halten und Rücksicht auf die Fußgänger nehmen. Auch viele Einbahnstraßen sind seitdem in Gegenrichtung befahrbar. Näheres dazu, inklusive Karte zum Herunterladen, unter www.regensburg. de, Menüführung ›Leben‹ –> ›Verkehr & Mobilität‹ –> ›Fahrradfahrer‹ –> ›Radeln in der Altstadt‹.
Folgende Verleihfirmen bieten Fahrräder an:
Rent a Bike: Bahnhofstr. 17, Info-Hot- line T 0941 599 88 08, www.fahrrad verleih-regensburg.de, Linie 5, 17, 13, 18 u. a., Mo–Sa 10–19 Uhr, Tagespreis 15 €, E-Bikes 25 €, Kindersitze, Kinder-, Hunde- und Gepäckanhänger verfügbar.

Fahrradfahren in Regensburg ist eine gute Idee, denn fast alle Altstadtgassen sind auch für Radler freigegeben. Einziges Manko: Das Kopfsteinpflaster rüttelt einen gehörig durch.

Zweirad Ehrl: Am Protzenweiher 5–7, T 0941 851 24, www.zweirad-ehrl. de, Linie 17, Haltestelle Stadtamhof, Mo–Fr 9–12.30, 14–18, Sa 9–12 Uhr, Tagespreis 11,90 €, E-Bikes 25 €.

TAXI

Innerhalb der Altstadt ist es wenig sinnvoll, in ein Taxi zu steigen, es sei denn, Ihr Ziel, z. B. das Hotel, liegt außerhalb. Taxistandplätze finden Sie u. a. am Domplatz, am Bismarckplatz und am Arnulfsplatz. Einen zentralen Taxiruf gibt es nicht. Die Telefonnummern der Anbieter finden sich in den Gelben Seiten oder auf www. gelbeseiten.de. Die Grundgebühr beträgt 3,20 €, pro gefahrenem Kilometer fallen 1,80 € an, sperriges Gepäck kostet 3 € pro Stück.

STADTFÜHRUNGEN UND STADTRUNDFAHRTEN

Regelmäßige **Stadtführungen** organisiert das Tourismusamt zu verschiedenen Themen wie ›Welterbe‹, ›Reichstag‹, ›Weihnachtsführung‹, ›Führung mit Schauspiel‹ und sogar Segway-Führungen. Über die Termine und Preise informiert https://tourismus.regensburg.de oder die Homepage der Regensburger Stadtführer (www.kulttouren.de). Auch die Führungen von ›Stadtmaus‹ (www. stadtmaus.de) sind empfehlenswert. Rundfahrten mit der **City Tour Bahn** können Sie bei City Tour buchen: Die speziell für die Anforderungen der Regensburger Innenstadt konzipierten Minizüge klappern auf ihrer Tour alle wichtigen Sehenswürdigkeiten ab und starten zwischen April und Dezember täglich zur vollen Stunde auf dem Domplatz (April, Nov., Dez., Jan. 11–15, Mai, Okt. 10–16, Juni–Sept. 10–17, Febr./März Sa, So 11–15 Uhr, Erw. 8 €, Kind 6 €). Eine **Stadtrundfahrt mit dem Schiff** eröffnet besonders schöne Panoramaansichten der Regensburger Altstadt (www.donauschiffahrt.de, April–Okt., Sa–Do Abfahrten stündlich 11.30– 15.30 Uhr, Anlegestelle Wurm & Köck am Donaumarkt, Dauer 45 Min., Erw. 8,50 €, Kind 50 % Ermäßigung).

O-Ton Regensburg

Rengschbuag

Stadtname im Oberpfälzer Dialekt

REIG/EREN

Lärmen, belästigen,
umtreiben

**Über d'Bruck wird
ned gheirat**

Über die Brücke wird nicht
geheiratet.
stammt aus der Zeit, als sich
Regensburger und Stadtam-
hof-Bewohner noch misstrauisch
beäugten

Wachten

Alte Bezeich-
nung für
Stadtviertel

Spruz

Auch ›Schnitt‹: das letzte Bier mit maximaler
Schaumbildung in ein Halbe-Glas abgefüllt;
meist gratis

*Da kummer
net zam!*

Da kommen wir nicht zusammen!
Da kommen wir nicht
ins Geschäft!

GOASSMASS

Mischgetränk aus
dunklem Bier und Cola
mit Kirschlikör

Radi

Rettich, in Regensburg muss es unbedingt
Weichsner Rettich sein

Kampl

Flotter Bursch

Dantschig

Charmant, graziös, freundlich
(bei Damen)

Knackersemmel mit allem

Semmel mit angebratener Knackwurst, süßem Senf,
Meerrettich und Essiggurke

Register

Register

Das Klima im Blick

Reisen bereichert und verbindet Menschen und Kulturen. Wer reist, erzeugt auch CO_2. Der Flugverkehr trägt mit bis zu 10 % zur globalen Erwärmung bei. Wer das Klima schützen will, sollte sich – wenn möglich – für eine schonendere Reiseform entscheiden oder die Projekte von atmosfair unterstützen. Flugpassagiere spenden einen kilometerabhängigen Beitrag für die von ihnen verursachten Emissionen und finanzieren damit Projekte in Entwicklungsländern, die dort den Ausstoß von Klimagasen verringern helfen (www.atmosfair.de). Auch die Mitarbeiter des DuMont Reiseverlags fliegen mit atmosfair!

Abbildungsnachweis

ANNA liebt Brot und Kaffee, Regensburg: S. 93
Martin Blaes, Köln: S. 65, 72, 111
Brauerei Kneitinger GmbH & Co.KG, Regensburg: S. 120/3
Uli Brenner-Wolkenstein, Regensburg: S. 120/9
DuMont Bildarchiv, Ostfildern: S. 24 (Hirth)
Jakob Feigl, München / Lilo's, Regensburg: S. 42
Fotolia, New York (USA): S. 120/8 (HLPhoto); 4 u. (Voloshyn)
Getty, München: S. 43 (De Agostini/Sappa); 99 (Patterson)
Glow, München: S. 86 (imagebroker/Blossey); 21, 120/1 (imagebroker/Kutter)
Florian Hasenbeck, Regensburg: 120/2
Hotel Orphée, Regensburg: S. 89
Huber-Images, Garmisch-Partenkirchen: S. 57, Umschlagklappe vorn, 85 (Schmid)
iStock.com, Calgary (Kanada): S. 7 (Chulov); 67 (s-eyerkaufer); 27 (TomekD76)
Christine Kandlbinder, Lappersdorf: S. 120/7
Sebastian Knopp, Café Lila, Regensburg: S. 44
Friedrich Köthe, München: S. 33, 40
Rainer Kühne, Pentling: S. 30, 35, 51, 64, 71, 74, 75
laif, Köln: Titelbild, 23, 25, 26, 49 u., 60, 62, 69, 76, 83 (Gerber); 98 (Hirth); 101 (Kirchner); 102 (Schwelle); 8/9 (Volk); Umschlagklappe hinten (Zahn)
Mauritius Images, Mittenwald: S. 28 (Alamy/Bildarchiv Monheim GmbH); 38, 39 (Alamy/De Freitas Europe); 70 (Alamy/Liebrecht); 36 (Alamy/patrick-reinig.com); 4 o. (Alamy/Stockimo/tiffany-janeboyle); 78/79 (Axiom Photographic/Sánchez Pereyra); 16/17 (imagebroker/Siepmann); 68 (Alamy/Art Collection 3); 52 (Sánchez Pereyra); 96 (Travel Collection/Schiffer); 90 (Umstätter); 31 (Widmann)
picture-alliance, Frankfurt a. M.: S. 120/5 (gbrci/Geisler-Fotopress); 120/6 (Hoemann/Simon); 109, 120/4 (Weigel)
Thomas P. Widmann, Regensburg: S. 12/13, 14/15, 20, 46, 49 o., 55, 56, 58, 73, 80, 103, 104, 106, 113
Zeichnungen S. 2, 11, 27, 34, 38, 47, 50, 57, 67, 76: Gerald Konopik, Fürstenfeldbruck
Zeichnung S. 5: Antonia Selzer, Stuttgart

Kartografie

DuMont Reisekartografie, Fürstenfeldbruck
© DuMont Reiseverlag, Ostfildern

Zitat, Umschlagklappe hinten: Thomas Bernhard, Meine Preise,
© Suhrkamp Verlag Frankfurt am Main 2009.
Alle Rechte bei und vorbehalten durch Suhrkamp Verlag Berlin.

Umschlagfotos

Titelbild: Goliathhaus
Umschlagklappe hinten: Dom St. Peter im Dunst

Hinweis: Autorin und Verlag haben alle Informationen mit größtmöglicher Sorgfalt geprüft. Gleichwohl sind Fehler nicht vollständig auszuschließen. Alle Angaben erfolgen ohne Gewähr. Bitte schreiben Sie uns! Über Ihre Rückmeldung zum Buch und Verbesserungsvorschläge freuen sich Autorin und Verlag:
DuMont Reiseverlag, Postfach 3151, 73751 Ostfildern,
info@dumontreise.de, www.dumontreise.de

1. Auflage 2018
© DuMont Reiseverlag, Ostfildern
Alle Rechte vorbehalten
Autorin: Daniela Schetar
Redaktion/Lektorat: Anne Winterling
Grafisches Konzept: Eggers+Diaper, Potsdam
Printed in China

Kennen Sie die?

Messerschmitt Kabinenroller

Der Zweisitzer mit der ausführlichen Anleitung zum Einsteigen wurde von 1953 bis 1964 in Regensburg produziert.

Rosa

Die Ex-Münchnerin, Wahl-Regensburgerin und Jura-Studentin gibt die besten Kneipen- und Ausgehtipps.

Sofie Kneitinger

Dass sich die Brauerei Kneitinger im Besitz einer Stiftung befindet, ist dieser resoluten Dame zu verdanken. Die Kneitinger-Wirtin starb kinderlos und bestimmte ihr Vermögen für wohltätige Zwecke.

Joachim Wolbergs

Der Oberbürgermeister (SPD) landete 2017 wegen Korruptionsvorwürfen in U-Haft und wurde beurlaubt. Das Drama: Die ganze Stadt liebte ihn und hielt ihn für den besten Bürgermeister der Welt.

Fürstin Gloria von Thurn und Taxis

Ehemals Enfant terrible der Adelspostillen, heute Landesfürstin mit Händchen für die Vermarktung von Schlossräumen, Adventsmärkten und Festspielen.

Hannes Ringlstetter

Der Schauspieler, Kabarettist, und Musiker ist durch sein Studium und erste Schritte auf Regensburger Brettern, die die Welt bedeuten, mit der Stadt verbunden.

Wiggerl vom Arnulfsplatz

Seine Kindheitserinnerungen verfasste Ludwig Fichtlscherer (1925–2016) in Oberpfälzisch. Heute sind die drei Bände über den ›Wiggerl‹ Kultbücher.

Regensburger

Die kurze Brühwurst heißt überall sonst so, doch in Regensburg ›Knacker‹. Sie gehört unbedingt in ein Kipferl von der Bäckerei Schwarzer.

Gerwin ›Geff‹ Eisenhauer

Der Oberpfälzer Jazzmusiker und Drummer lebt und unterrichtet in Regensburg. Nicht verpassen: ein Konzert mit seiner Band TRIO ELF!